CREO EN MILAGROS

Para vivir la Palabra

MANTÉNGANSE ALERTA;
PERMANEZCAN FIRMES EN LA FE;
SEAN VALIENTES Y FUERTES.
—1 Corintios 16:13 (NVI)

Creo en milagros por Kathryn Kuhlman
Publicado por Casa Creación
Miami, Florida
www.casacreacion.com

: 978-1-960436-20-7
ok ISBN: 978-1-960436-21-4

rrollo editorial: *Grupo Nivel Uno, Inc.*
otación de diseño interior y portada: *Grupo Nivel Uno, Inc.*

icado originalmente en inglés bajo el título:
I Believe In Miracles
Bridge-Logos, Newberry, FL 32669

ota de la editorial: Aunque el autor hizo todo lo posible por proveer teléfonos y páginas internet correctos al momento de la publicación de este libro, ni la editorial ni el autor responsabilizan por errores o cambios que puedan surgir luego de haberse publicado.

npreso en Colombia

4 25 26 27 28 29 30 LBS 9 8 7 6 5 4 3 2 1

CRE

EN

MILAGR

Tu fe será desafiada a creer en milag
¡Dios es el mismo ayer, hoy y por siem

KATHRYN KUHLMA

ISB
E-B

De
Ad

Pu

Te
pa
a

A
E

CONTENIDO

PRÓLOGO

EL AMOR ES ALGO QUE SE HACE

Kathryn Kuhlman fue toda una institución. Ministra ordenada del Evangelio, no se llamaba a sí misma ni pastora ni evangelista; sin embargo, cientos de personas la consideraban su pastora y pocos evangelistas tenían la ardiente pasión de esta mujer, por ver a las almas perdidas salir de las tinieblas.

Un caluroso 4 de julio de 1948 llegó a Pittsburgh, Pennsylvania, tras alquilar el auditorio de la Biblioteca Carnegie, un edificio de propiedad municipal, el primero construido por Andrew Carnegie. Allí desarrolló su ministerio.

Durante los primeros catorce años desde que se instaló en ese lugar, miles de personas abarrotaban el mismo auditorio, no buscando únicamente la sanidad del cuerpo físico, sino también la liberación del pecado y la respuesta a sus problemas. Kathryn Kuhlman desaprobaba enérgicamente que alguien tuviera la idea de que éste ministerio se dedicara sólo, o incluso principalmente, a la sanidad de cuerpos enfermos. Este punto lo enfatizaba en cada servicio porque creía sinceramente que la salvación del alma era el más importante de todos los milagros. No existía fanatismo en estos servicios: a menudo había tal tranquilidad que se podía oír el más leve crujido de papel. La Srta. Kuhlman atribuía esto al hecho de que la Palabra de Dios era el fundamento sobre el que había construido su ministerio, y estaba convencida de que si uno se aferraba a la Palabra, habría *poder* sin fanatismo.

Kuhlman no construyó ningún edificio; ella instaba constantemente a los que encontraban la salvación en sus servicios a que volvieran a sus iglesias y sirvieran a Dios de todo corazón. Para aquellos que no tenían un hogar eclesiástico, ella era instrumental en la construcción del carácter cristiano. Cuando estos conversos se afiliaban a una iglesia, le aportaban, gracias a su testimonio lleno del Espíritu, un nuevo dinamismo.

Kathryn Kuhlman era Presidenta de la *Fundación Kathryn Kuhlman*, una organización religiosa, benéfica y sin ánimo de lucro. Su única remuneración era un sueldo, estipulado por el consejo de la Fundación.

Diecisiete nacionalidades diferentes estaban representadas en el Coro Masculino de la Fundación, compuesto por cuatrocientas voces; y el Coro de Conciertos Kathryn Kuhlman, compuesto por cien voces, era considerado uno de los mejores del país, habiendo sido contratado por la compañía disquera R.C.A. Victor. La organización de adolescentes era comparable a cualquier programa juvenil de última generación.

La Fundación mantenía un Fondo de Becas y un Fondo Rotatorio de Préstamos en Wheaton (Illinois) College, donde se ayudaba a los estudiantes que necesitaban asistencia financiera para continuar su educación. Los fondos no se limitaban únicamente a los estudiantes que se especializaban en Teología, sino que estaban a disposición de los jóvenes que cursaban cualquier carrera secular que ofrecía la universidad.

La Fundación se encargaba de financiar la educación de estudiantes de la Universidad Estatal de Pennsylvania, la Universidad de Pittsburgh, el Instituto Carnegie de Tecnología, el Geneva College de Beaver Falls (Pennsylvania), el Toccoa Falls Institute de Georgia y el College Conservatory of Music de Cincinnati (Ohio).

La Fundación Kathryn Kuhlman aportó más de cuarenta mil dólares a la Western Pennsylvania School for Blind Children. Un día, al ver jugar a un grupo de niños ciegos que luchaban con unos patines nuevos, Kathryn Kuhlman quedó tan impresionada, tan conmovida, tan agradecida por su propia vista, que decidió que, por la gracia de Dios, haría todo lo humanamente posible por estos niños. El Dr. Alton G. Kloss, Superintendente de la Escuela para Niños Ciegos del Oeste de Pennsylvania, al expresar su agradecimiento escribió: "Cada día, cuando camino por el edificio de nuestra escuela primaria y secundaria y por nuestro nuevo edificio de guardería y jardín de infancia, veo vuestro toque. Pupitres nuevos y brillantes y otros muebles cómodos, vajilla, cortinas, patines, carritos, todo da fe de que Kathryn Kuhlman ha acogido en sus brazos a nuestros niños y niñas ciegos. Su generosidad ha sido una bendición para todos nosotros en la Escuela para Niños Ciegos y su bondad una fuente de verdadera inspiración".

La Fundación Kathryn Kuhlman también ha construido y mantenido un amplio proyecto misionero en Corn Island, en Centroamérica, a sólo cuarenta millas de la costa oriental de Bluefield (Nicaragua). Antes se la conocía como "Skeleton Island" porque era el último reducto de los caníbales. Tras la construcción de la iglesia madre en la isla, se pusieron en marcha planes para construir decenas de estaciones periféricas, que serían pastoreadas por nativos que habían sido formados por otros misioneros en tierras nicaragüenses y en Estados Unidos.

La visión de Kathryn Kuhlman no había ido tan lejos como para olvidarse de los necesitados de su propio país; un comerciante de aves de corral recibió un cheque de más de mil novecientos dólares por pollos para un sólo mes, que fueron entregados a familias necesitadas de alimentos. Las aves representaban sólo una pequeña parte de los alimentos de las cestas bien apiladas. Las patatas llegaban por toneladas y las conservas por cajas. Había un economato bien surtido, donde las estanterías se reponían constantemente con alimentos para los que se encontraban en circunstancias desesperadas. Nunca se daba publicidad al suministro de alimentos, ropa y ayuda a cualquier persona o familia necesitada. Esto iba estrictamente en contra de los principios de la Srta. Kuhlman. Una parte de su teología era precisamente ésta: *¡El amor es algo que se hace!*

Pocos hombres trabajaban tantas horas y tenían el aguante y la vitalidad de esta mujer. En conexión con su oficina, la Fundación Kathryn Kuhlman mantenía un completo estudio de radio donde se trabajaba constantemente, proporcionando una red de emisoras con emisiones que cubrían semanalmente dos tercios de la nación.

La Srta. Kuhlman era escuchada todas las noches en la emisora de radio WWVA, de 50.000 vatios, en Wheeling, Virginia Occidental, con recepción que llegaba hasta Inglaterra; no era ajena a una gran audiencia en Europa. Dos veces al día se la escuchaba en la emisora WADC de Akron, Ohio, desde donde recibía una enorme respuesta desde Canadá. Cada semana recibía miles de cartas de oyentes de Estados Unidos y del extranjero.

A pesar de su apretada agenda, la señorita Kuhlman daba a cada carta su toque personal, y estaba firmemente convencida de que cuando ya no era capaz de dar esta parte de sí misma a aquellos que se ponían en contacto con ella con sus cargas y penas, entonces había fracasado en su propósito. Estaba convencida de que no había situaciones desesperadas, sino personas que habían perdido la esperanza.

En palabras de la propia Kathryn Kuhlman: "No soy una mujer con mucha fe —¡soy una mujer con un poco de fe en el Gran Dios!"

Kuhlman nació en Concordia, Missouri, una pequeña ciudad a sesenta millas de Kansas City, y durante varios años su padre fue alcalde. Al recordar aquellos primeros días de su juventud, Kathryn dijo: "Papá era alcalde, pero a su manera tranquila, reservada y sin pretensiones, mamá ayudó a tomar muchas decisiones importantes, mientras los dos se sentaban juntos en el anticuado columpio del porche".

Religiosamente, la familia estaba dividida: mamá era metodista, pues el abuelo Walkenhorst fue uno de los primeros fundadores de la Iglesia Metodista de Concordia; papá era bautista, pero nunca se esforzó demasiado en ello. Sus dos padres habían fallecido al momento de iniciar su ministerio; su padre murió en un accidente; tiempo después, falleció su madre.

Desde el principio de su carrera evangelizadora, la misión de Kathryn Kuhlman había sido ayudar a quienes tenían hambre de Cristo a encontrarlo; y desde el principio, el tema de todos sus sermones había sido la *fe*.

En la década de los '60, en Franklin, Pennsylvania, cuando los miembros de su congregación comenzaron repentinamente a reclamar sanidades espontáneas durante sus servicios. A medida que aumentaba el número de estas sanidades, este ministro bautista ordenado comenzó a predicar sobre la sanidad por el Poder de Dios. Así comenzaron los actuales servicios de "Milagros" y este ministerio único que ha ejercido su influencia sobre miles de personas. (no coinciden los tiempos)

Al año siguiente, la Srta. Kuhlman se trasladó a Pittsburgh. El hecho de que haya permanecido en un mismo lugar durante catorce años y que su ministerio haya sobrevivido con éxito a las críticas, que son la suerte de todos los evangelistas, fue un tributo a su integridad. Cuando se le preguntaba por qué no ampliaba el alcance de su influencia viajando, su respuesta era: "Mi propósito es salvar almas, y mi vocación particular es ofrecer pruebas del poder de Dios. Creo que puedo lograrlo más eficazmente quedándome en un lugar donde esté en condiciones de hacer un seguimiento de la gente, y de insistir en que quienes afirman tener sanidades procuren una verificación médica". La insistencia en la comprobación científica no sólo había contribuido a la solidez de su ministerio personal, sino a la sanidad espiritual en todas partes.

—Samuel A. Weiss
Juez del Tribunal de Causas Comunes
de Allegheny y antiguo miembro del
Congreso de los Estados Unidos.

CREO EN LOS MILAGROS

Si vas a leer este libro "retándome" a convencerte de algo que no quieres creer, entonces no lo leas. Olvídalo. No tengo ni esperanzas ni expectativas de convencer a un escéptico simplemente con milagros.

Si vas a leer estas páginas con un espíritu crítico, cínico y descreído, pásalo para que lo lea otra persona; porque lo que contienen estas páginas es muy sagrado para aquellos a quienes les han sucedido estas cosas. Sus experiencias son demasiado preciosas y sagradas para compartirlas con quienes sólo las leen para burlarse y las escuchan para mofarse. Estas experiencias se guardan en el corazón con asombro, agradecimiento y profunda gratitud. Son tan reales y maravillosas para estas personas como el momento en que sucedieron.

Si crees que estoy en contra de la profesión médica, en contra de los médicos, en contra del uso de la medicina porque creo en el poder de la oración y en el poder de Dios para sanar, te equivocas. Si hubiera elegido una profesión, con toda probabilidad mi elección habría sido la medicina o el derecho. Pero no tuve elección: fui llamada por Dios para predicar el Evangelio.

Cuando se publicó el siguiente artículo, el Dr. Elmer Hess era presidente electo de la Asociación Médica Americana.

"Cualquier médico que carezca de fe en el Ser Supremo no tiene derecho a ejercer la medicina", afirmó el especialista en urología de Erie (Pennsylvania). "Un médico que entra en una habitación de enfermo no está solo. Solamente puede atender al enfermo con las herramientas materiales de la medicina científica. Su fe en un poder superior hace el resto. Muéstrenme al médico que niega la existencia del Ser Supremo y diré que no tiene derecho a practicar el arte de sanar". Hess hizo estas declaraciones en un resumen preparado de comentarios extemporáneos planeados para la apertura de la 48ª reunión anual de la Asociación Médica del Sur. La AME, con un total de diez mil médicos miembros, llegó a ocupar el segundo lugar después de la AMA como la mayor organización médica general de los Estados Unidos.

"Nuestras facultades de medicina están haciendo un magnífico trabajo enseñando los fundamentos de la medicina científica", llegó a decir Hess. "Sin embargo, me temo que la concentración en la ciencia básica es tan grande, que casi se descuida la enseñanza de los valores espirituales".

Toda sanidad es divina, como el Dr. Hess insinúa tan rotundamente. Un médico puede diagnosticar, puede medicar. Puede dar a su paciente lo mejor que la ciencia médica le ha dado a él y al mundo, pero en el análisis final, es el poder Divino de Dios el que sana.

Un médico tiene el poder y la capacidad de colocar un hueso, pero debe esperar a que el poder divino lo sane. Un cirujano puede realizar hábilmente la más difícil de las operaciones; puede ser un maestro con el bisturí, utilizando todas las facetas de su bien entrenado intelecto; sin embargo, debe esperar a que un poder superior realice la sanidad real, pues a ningún simple ser humano se le ha dado el poder de sanar.

Cualquier *verdad*, por válida que sea, si se enfatiza *excluyendo* otras verdades de igual importancia, es un error práctico.

Mi fe en el poder de Dios es la misma que ejerce cualquier médico o cirujano cuando cree en la sanidad de su paciente. Él espera que la naturaleza (Dios) sane gradualmente, mientras que yo creo que Dios tiene la capacidad de sanar, no sólo a través de un proceso gradual, sino que si así lo quisiera, Él tiene la capacidad y el poder de sanar instantáneamente. Él es Omnipotente, Omnipresente y Omnisciente: por lo tanto, no está limitado por el tiempo ni por las ideologías, teologías e ideas preconcebidas del hombre.

Si crees que pienso que es pecado ir al médico, tomar medicinas y operarme cuando es necesario, cometes una gran injusticia contra mí. Por supuesto, creo que Dios tiene el poder de sanar instantáneamente sin las herramientas materiales de la medicina científica; pero *también* creo que Dios nos dio nuestros cerebros para que los usemos. Nos dio inteligencia, nos dio voluntad y espera que usemos el sentido común.

Si estás enfermo y aún no has recibido el don de la fe para que creas en los milagros, entonces consíguete la mejor asistencia médica posible y ora para que Dios actúe a través del vaso humano: ora para que tu médico reciba la guía divina para tratarte, y luego esperen ambos a que Dios haga la sanidad real. El poder sanador de Dios es un hecho indiscutible, con o sin asistencia humana.

Si tú crees que yo, como individuo, tengo algún poder para sanar, estás totalmente equivocado. No he tenido nada que ver con ningún milagro registrado en este libro, ni he tenido nada que ver con ninguna sanidad que haya tenido lugar en ningún cuerpo físico. No tengo ningún poder curativo. Todo lo que puedo hacer es indicarle el camino, puedo guiarle al Gran Médico y puedo orar; pero el resto se lo dejo a usted y a Dios. Sé lo que Él ha hecho por mí y he visto lo que ha hecho por innumerables personas. Lo que Él haga por ti depende de *ti*. El único límite al poder de Dios está en el individuo.

"La supereminente grandeza de su poder para con nosotros los que creemos, según su fuerza poderosa, la cual operó en Cristo resucitándole de los muertos" (Efesios 1:19).

Cuando Dios habla de la grandeza de Su poder, no se refiere a Su poder que trajo el universo a la existencia, por grande que fuera; sino más bien al poder que se manifestó al resucitar a Jesús de entre los muertos. La Resurrección de Cristo fue, y nuestra Resurrección con Él *será*, la mayor demostración de poder —el mayor milagro— que el mundo ha conocido o conocerá jamás.

El apóstol Pablo escribió:

> "Si Cristo no ha resucitado, vana es nuestra predicación y vana es también vuestra fe; pero ahora Cristo ha resucitado de entre los muertos".
>
> —1 Corintios 15:14-20

La validez de la fe cristiana descansa en un milagro supremo: la piedra angular sobre la cual toda la superestructura del cristianismo se levanta o cae, depende de la verdad de este milagro, la resurrección de Jesucristo.

Si esto es falso, el Apóstol Pablo confiesa que toda la estructura cae, pues entonces es en verdad como Él dice: "Vana es nuestra predicación, y vana es también vuestra fe".

Ninguna otra religión se ha atrevido jamás a plantear este desafío; se ha atrevido jamás a apelar *a los* milagros, y a apoyar su apelación *en* un milagro.

Porque Cristo vive, nuestra fe no es vana; nuestra predicación no es vana; y maravilla de maravillas es que esta supereminente grandeza de poder está a nuestra disposición. No poseemos ningún poder propio; ¡todo el poder le pertenece a Él!

El hecho es que el milagro de la Resurrección de Jesucristo, el Hijo de Dios, es una realidad. Dios ha prometido el milagro de la resurrección a estos cuerpos mortales nuestros en el futuro;

por lo tanto, es razonable y lógico creerle a Él por el milagro de la sanidad en nuestros cuerpos físicos hoy.

Si crees que no reconozco los métodos sacramentales de sanidad, utilizados en muchas iglesias diferentes, estás bajo un malentendido. El poder del Espíritu Santo no está confinado a ningún lugar ni a ningún sistema.

No debemos permitirnos ser tan dogmáticos en nuestro pensamiento, nuestra enseñanza y nuestros métodos, al punto que excluyamos toda otra verdad de *igual importancia*.

Por ejemplo: Encontramos que Dios dio el don del Espíritu Santo en el Día de Pentecostés y en la casa de Cornelio, sin ninguna agencia humana de "imposición de manos"; pero en el avivamiento de los Samaritanos (Hechos 8:17) y en el avivamiento de Éfeso (Hechos 19:6), los creyentes fueron llenos del Espíritu por la "imposición de manos".

Ser dogmático en uno u otro sentido, o convertirlo en un problema, es ser culpable de error.

Jesús vio a un hombre que había nacido ciego, los hechos están registrados en el capítulo noveno de Juan. En este caso particular, Jesús escupió en el suelo, e hizo barro de la saliva, y *ungió los* ojos del ciego con el barro, y le dijo: "Ve, lávate en el estanque de Siloé... se fue, pues, y se lavó, y volvió a ver".

Sin embargo, en otra ocasión, cuando Jesús se acercaba a Jericó (Lucas 18:35), un ciego se sentó al borde del camino a mendigar. En este caso, no tenemos constancia de que la mano del Maestro le tocara, y estamos seguros de que no le puso arcilla en los ojos. Jesús habló al hombre y le dijo: "Recibe la vista: Tu fe te ha salvado", e inmediatamente recibió la vista.

Ambos eran ciegos, ambos recuperaron la vista, y en cada caso se utilizaron métodos diferentes.

Santiago, bajo la unción del Espíritu Santo, escribió: "¿Está alguno enfermo entre vosotros? Que llame a los ancianos de la Iglesia, y que oren sobre él ungiéndole con aceite en el nombre del Señor; y la oración de fe salvará al enfermo, y el Señor le resucitará; y si hubiere cometido pecados, le serán perdonados" (Santiago 5:14, 15).

Por otra parte, el poder del Espíritu Santo era tan grande en la iglesia primitiva, "...que sacaban a los enfermos a las calles, y los ponían sobre lechos y camillas, para que a lo menos la sombra de Pedro al pasar cubriese a algunos de ellos. Y de las ciudades de alrededor venía una multitud a Jerusalén, trayendo enfermos y atormentados de espíritus inmundos; y todos eran *sanados*" (Hechos 5:15, 16). Esto prueba concluyentemente que el poder del Espíritu Santo no está confinado a ningún lugar ni a ningún sistema.

Si usted cree que yo cuestiono la espiritualidad de cualquier ministro del Evangelio que no esté de acuerdo conmigo en cuanto a los milagros, se equivoca de nuevo, porque no entiende; nuestra prueba de compañerismo es más profunda que la verdad concerniente a la sanidad del cuerpo físico. Se basa en algo infinitamente más importante: la salvación mediante el arrepentimiento y la fe en la sangre derramada de Jesucristo (Hebreos 9:22).

> "Hay un sólo cuerpo y un sólo Espíritu, así como habéis sido llamados en una misma esperanza de vuestra vocación: Un sólo Señor, una sola fe, un sólo bautismo, un sólo Dios y Padre de todos, que está sobre todos, por todos y en todos vosotros".
>
> —Efesios 4:4-6

Toda sanidad es divina, ya sea física o espiritual; pero de las dos, es un hecho innegable que la sanidad espiritual es mayor.

Nicodemo preguntó: "¿Cómo, Maestro, pueden ser estas cosas?".

Ese *es* el misterio que nuestras pequeñas mentes deben dejar a Dios. Pero esto no es lo *único* que no pueden comprender, y que deben dejar al conocimiento de Dios.

Explica qué es la electricidad; ¿o prefieres quedarte a oscuras hasta que puedas hacerlo? Nadie sabe exactamente qué es la electricidad, pero el hombre no duda en utilizarla sólo porque no comprende todas las leyes que rigen su actividad.

Dime cómo se convierte la comida en energía en tu cuerpo. Si no lo sabes, ¿te niegas a comer?

Cuéntame cómo Dios toca un puñado de tierra en una zona boscosa sin cultivar y, cuando la ha tocado, el aire se perfuma de violetas.

El otro día pagaste diez céntimos por un paquete de semillas. Por diez centavos compraste un milagro. Tienes en tu poder diez céntimos de algo que sólo Dios conoce.

En esta época moderna tan acelerada, tal vez hayamos pasado por alto, o hayamos dado por sentado, los milagros que tienen lugar cada día de nuestras vidas.

Dime qué es lo que "pone en marcha el cerebro y lo hace funcionar": a los grandes neurocirujanos de la profesión médica también les gustaría saberlo. Ah, sí. Saben exactamente qué parte del cerebro controla el movimiento de cada uno de nuestros músculos, pero no saben por qué el cerebro funciona como lo hace; qué lo pone en acción para que *pueda* mover y controlar las diversas partes de nuestro cuerpo.

El Dr. Charles Joseph Barone, vicepresidente de la división de Obstetricia y Ginecología del Colegio Internacional de Cirujanos y médico jefe del Hospital Magee de Pittsburgh —la mayor maternidad de Pennsylvania—, ha atendido 25.000 partos en toda su vida. Y sin embargo, dice: "El nacimiento de un bebé es el mayor de los milagros".

La formación de este médico, su devoción y dedicación a su trabajo le han granjeado una reputación nacional, pero es el primero en admitir que el nacimiento humano está más allá de la comprensión humana: que es uno de los misterios y cosas sagradas que excitan la curiosidad y el asombro del hombre, pero que sigue siendo un secreto impenetrable.

"Los estudios embriológicos de una célula humana", dice el Dr. Barone, "muestran las marcas del futuro niño: los puntos de referencia que serán los ojos o el corazón o las piernas o la nariz o los labios. Si eso no es divino, no sé qué lo es".

He aquí al recién nacido. Hace nueve meses no existía. Ahora tiene orejas y ojos; nariz y boca; manos y pies, y un grito lascivo cuando tiene hambre. Horas después de nacer, se alimenta felizmente del pecho de su madre.

¿Le proporcionó la ciencia una pequeña hoja de instrucciones fotocopiada en la que se le indicaba dónde estaba su cena y cómo debía conseguirla? ¿Le dijeron también cómo cerrar los ojos y dormir cuando estaba caliente y alimentado? ¿Se le enseñó a dar patadas con las piernas y a agitar los brazos para fortalecerse?

Ningún libro de instrucciones se le dio a un bebé en el momento de su nacimiento. Sin embargo, cada precioso bebé sabe exactamente qué hacer para satisfacer sus deseos.

Dios nunca ha explicado al hombre el secreto del nacimiento físico; entonces, ¿por qué habríamos de dudar en aceptar el nacimiento del hombre espiritual? Ambos proceden de Dios.

"Lo que es nacido de la carne, carne es; y lo que es nacido del Espíritu, espíritu es. No te maravilles de que te haya dicho: Os es necesario nacer de nuevo" (Juan 3:6, 7).

El nacimiento espiritual da al hombre una nueva naturaleza, nuevos deseos; las cosas que antes amaba, ahora las odia; y las cosas que antes odiaba, ahora las ama, porque es una nueva criatura en Cristo Jesús.

¿Cómo pueden ser estas cosas? Cuando tengan la respuesta a los sencillos misterios de los que hemos hablado y a todos los muchos más, quizá Dios les dé la respuesta a esto último. Hasta entonces, sigue plantando estas semillas en tu jardín, sigue usando la electricidad en tu casa; y seguirán naciendo bebés cada hora.

Con cada átomo de mi ser, *te* ruego que experimentes el gran milagro del Nuevo Nacimiento.

La Biblia misma es el mayor de los milagros, ¡y el Hijo de Dios más maravilloso que cualquiera de los prodigios que confirman sus afirmaciones! Las historias que siguen son reales; son las experiencias auténticas de personas que han creído a Dios por un milagro, y Dios ha honrado su fe en la autoridad de Su Palabra. Ellas te ayudarán a entender por qué creo en los milagros.

Si prosigues con la lectura de este libro, mi oración será la de Pablo, cuando rogó al Dios de nuestro Señor Jesucristo:

> "...que os dé espíritu de sabiduría y de revelación en el conocimiento de Él; que sean iluminados los ojos de vuestro entendimiento".
>
> —Efesios 1:17

"LEVANTA LA VISTA Y CAMINA"

Carey Reams

"LA SEÑORITA KUHLMAN, EVANGELISTA, CELEBRA SERVICIOS DE SANIDAD AQUÍ. UN CONVERSO TIRA LAS MULETAS. El clímax del programa se alcanzó cuando a un hombre con muletas, que dijo no haber caminado sin ayuda desde 1945, se le dijo que se deshiciera de sus soportes. Así lo hizo, y caminó enérgicamente por los pasillos, de un lado a otro del escenario, estirando los músculos de las piernas según se le indicaba. Radiante, la Srta. Kuhlman cargó con sus muletas y luego las tiró a un lado. El hombre declaró por el micrófono que había oído hablar de la señorita Kuhlman en Florida a través de un artículo de una revista, y que había hecho un viaje especial sólo en autobús, hasta Butler, para asistir a sus servicios de sanidad".

Estas palabras aparecieron en la portada del Butler (Pa.) *Eagle*, el 1 de enero de 1951. No había nada de segunda mano en esta historia periodística.

Evidentemente, el director del periódico o uno de sus reporteros se había sentado entre la multitud en el Penn Theater el día anterior, observando con los ojos muy abiertos la maravillosa manifestación del poder sanador de Dios.

Carey Reams, el hombre que había tirado sus muletas, tenía tres hijos. Sólo la mayor, que tenía cuatro años cuando él se marchó a la guerra, creía recordar vagamente cómo era su padre antes de ser herido casi mortalmente en Luzón, durante la Segunda Guerra Mundial. Los otros hijos menores no recordaban haber visto nunca a su padre sin muletas. Por lo que sabían, siempre había estado paralizado de cintura para abajo, sufriendo intensos dolores.

Escuchaban con asombro a otros niños hablar de cómo *sus* padres les llevaban de picnic y de excursión por el bosque y a nadar, y sabían que, por alguna razón que no podían comprender, su padre era diferente. Con unas piernas que no podía mover, nunca podría llevarles de excursión. ¿Cómo iba a hacerlo si ni siquiera podía andar?

Carey Reams fue ingeniero químico durante la Segunda Guerra Mundial. El 1 de enero de 1945, las fuerzas aliadas establecieron una cabeza de playa en Luzón. La unidad de Carey recibió la orden de avanzar hacia Manila y liberar a los hombres que habían sido capturados por los japoneses cuatro años antes.

Fue una misión difícil. La unidad aterrizó en un pantano. Como dice Carey: "También había mucha agua, y cada vez que intentábamos salir a la carretera, nos veíamos siluetеados contra el cielo, y francotiradores escondidos en las montañas nos disparaban. Tuvimos que permanecer en el agua todo el primer día".

El segundo día comenzó el tifón, y los cielos parecieron abrirse mientras llovía a cántaros. Al cuarto día, el comandante de la compañía de Carey fue abatido a dos metros de él. El oficial al mando que le sustituyó inmediatamente tenía su propio ingeniero, por lo que Carey recibió órdenes de trasladarse a la siguiente compañía, a unas seis millas de distancia. Cuando se dirigía hacia allí para presentarse, ocurrió lo que ocurrió. El puente ya estaba inundado y el camión tuvo que rodearlo y pasar por encima de un terraplén. "Fue en este terraplén", dice Carey, "donde encontramos la mina. El camión voló en pedazos".

Eso fue lo último que Carey supo durante mucho tiempo.

Treinta y un días más tarde volvió en sí en una mesa de operaciones, a 2500 millas de donde había sido herido. Entonces no sabía dónde estaba ni lo que había pasado, pero cuando recobró el conocimiento, recordó que murmuró, y aún no sabe lo que quiso decir: "Seguro que aterricé bien". Inmediatamente después de pronunciar estas palabras, fue anestesiado para la consiguiente operación cerebral.

Durante las seis semanas siguientes, Carey flotó dentro y fuera de la conciencia, y luego fue enviado a casa, más muerto que vivo. Fue uno de los cinco únicos supervivientes de toda su compañía y, decía, con lágrimas en los ojos: "Hoy sólo quedarían *cuatro* vivos si yo no hubiera llegado a aquel servicio en el Penn Theater de Butler aquel 31 de diciembre de 1950".

El comentario de Carey de que había "aterrizado fácilmente", hecho cuando recuperó la conciencia por primera vez, difícilmente podría haber sido más erróneo.

Le habían aplastado desde la cintura hasta la pelvis; le faltaba el ojo derecho; había perdido todos los dientes; tenía la mandíbula fracturada; el cuello roto, y la espalda rota por dos sitios. La parte inferior de su cuerpo estaba completamente paralizada. Sus piernas, como pesos muertos, colgaban totalmente insensibles, pero en las partes de su cuerpo en las que aún conservaba la sensibilidad, el dolor era increíblemente intenso.

"Cualquier movimiento", recordaba Carey, "me provocaba una agonía casi mortal. Y si, por ejemplo, se me enfriaban los pies y la sangre empezaba a fluir de nuevo hacia arriba, parecía que golpeaba los nervios y el dolor era casi insoportable. Sin control sobre mi cuerpo, y con el horrible dolor, la vida no parecía merecer la pena, excepto por mis hijos. Por ellos, nunca quise morir, y no me rendiría".

Al mismo tiempo, Carey sufría hemorragia tras hemorragia y había perdido 27 kilos de peso.

Antes de su sanidad en Butler, había sido operado cuarenta y una veces. Conocía demasiado bien el interior de los hospitales —dos en el extranjero—, el Hospital General Letterman de California, un hospital en Georgia y, en los cinco años anteriores a su sanidad, había sido hospitalizado repetidamente en el Hospital de la Administración de Veteranos de Florida.

Aunque el cuerpo de Carey estaba en condiciones tan espantosas, su mente era clara como el cristal y, como él dijo: "Ahora veo que Dios se ocupó de mí todo el tiempo"; pues muchas personas que sabían que Carey era un buen ingeniero y no podía salir a trabajar, le llevaban sus problemas de ingeniería y planos, y aunque no podía dar un paso y durante muchísimos meses ni siquiera pudo abandonar la cama, pudo así mantener a su familia.

Sin embargo, en diciembre de 1950 se encontraba en una situación física desesperada. Prácticamente no podía ingerir alimentos de ningún tipo, sufría hemorragias repetidas y su vida se extinguía lenta pero inexorablemente.

"Sabes", dijo, "a veces sólo tenemos que aguantar cuando no hay nada a lo que agarrarse, y yo estaba en ese punto. Estaba pendiendo de un hilo".

Pocos días antes de Navidad, el médico de la Administración de Veteranos local ordenó que Carey regresara a Bay Pines, el Hospital de Veteranos cercano a San Petersburgo.

"Estos médicos de la Administración de Veteranos son maravillosos", decía Carey, "y no puedo elogiarlos lo suficiente, ni a ellos ni a los maravillosos hospitales públicos. Te dan lo mejor que la ciencia puede ofrecer. Pero esta vez me negué a ir. Recuerdo que dije: 'No, doctor, si voy a morir, quiero pasar estas últimas Navidades con mi familia'. Ahora sólo faltan unos días para las vacaciones. Después de Navidad puede hacer lo que quiera conmigo'. Fue durante esos días —continuó Carey— cuando leí por casualidad un artículo sobre Kathryn Kuhlman en una revista nacional. Al mismo tiempo, recibí cartas de tres amigos que me hablaban de los servicios de sanidad de Pittsburgh. Estos amigos me habían escrito para preguntarme por qué no había intentado ir a Pittsburgh a uno de sus servicios.

"Pittsburgh, Pennsylvania, no me parecía tan lejana, pues mi mujer era de Pittsburgh y yo también conocía a Clyde Hill, conductor de la compañía Yellow Cab. Se me pasó por la cabeza la idea de que tal vez podría quedarme con mi amigo si decidía hacer el viaje. Cuanto más lo pensaba, más me daba cuenta de que llegar a un servicio milagroso era mi última y única esperanza".

La gran pregunta era cómo llegar hasta allí. Carey no sólo estaba paralizado, sino que estaba tan débil por la pérdida de sangre a causa de la hemorragia que apenas podía sentarse. No se sentía físicamente capaz de viajar a Pittsburgh bajo ninguna circunstancia. Si intentaba el viaje, sabía que sucedería una de dos cosas: o moriría antes de poder regresar a Florida, o se sanaría. "Pero", como él dice, "finalmente decidí que Dios no me había tenido tanto tiempo pendiente de la vida por nada. Creí de verdad que me sanaría si conseguía llegar a Pittsburgh y que, cuando estuviera bien, me daría algo que hacer por Él".

El 28 de diciembre, un jueves por la mañana temprano, Carey, completamente solo, subió penosa y lentamente a un autobús con destino a Pittsburgh. Unas treinta y seis horas más tarde llegó al Carnegie Hall para asistir al servicio milagroso del viernes. A las puertas recibió un golpe demoledor: el servicio se había suspendido una hora antes. Ni se imaginaba que la reunión había empezado a las nueve de la mañana.

Totalmente agotado; al borde del colapso por la debilidad, de modo que incluso con la ayuda de muletas apenas podía mantenerse en pie; y con un dolor casi intolerable, sólo se preguntaba si podría aguantar los dos días siguientes, cuando su amigo, el taxista, le llevaría al servicio dominical previsto en Butler, Pennsylvania.

Durante las siguientes cuarenta y ocho horas, sólo tuvo un pensamiento en mente: aferrarse a la vida hasta que pudiera llegar a la reunión de Butler. Esta era la determinación, la fe, en que Dios, en su tierna misericordia, le daría por favor la fuerza para vivir lo suficiente como para llegar al Teatro Penn en Butler el 31 de diciembre de 1950.

Casi no lo consiguió. Cuando le quedaban menos de veinticuatro horas, sufrió otra hemorragia extraordinariamente grave, que le dejó tan débil que no podía levantarse ni andar sin la ayuda de dos hombres fuertes. Con su ayuda llegó al Penn Theater.

En la puerta le abandonó casi toda esperanza, pues le dijeron que todos los asientos estaban ocupados, que no había más sitio dentro. Allí estaba, aferrado a sus muletas, sostenido por dos hombres, a la gélida temperatura exterior. Tan cerca y tan lejos, tan débil que cada minuto parecía una hora.

Justo cuando estaba a punto de abandonar el último vestigio de esperanza, alguien de dentro que se había percatado de su situación, le ofreció su asiento. "Me he *sanado*", le dijo. Agradecido más allá de las palabras, entró en el teatro.

¿Sintió la gloria de Dios nada más entrar? "Al principio no", sonreía al recordarlo, "tenía tanto dolor cuando entré que durante los primeros minutos no podía ni pensar en otra cosa, pero poco después iba a conocerle como nunca antes le había conocido".

"Justo cuando me estaban sentando", recordaba Carey, "la Srta. Kuhlman empezó a hablar. Lo primero que dijo fue: 'La reunión de esta tarde es una reunión de examen de conciencia y no de sanidad".

Si antes el Sr. Reams había pensado que su esperanza estaba en el último peldaño de la escalera, ahora descubrió que aún le quedaba otro peldaño por subir. Allí estaba sentado, medio congelado, tan débil que tenía que usar sus muletas como aparatos ortopédicos para sentarse, ¡y me oyó decir que esta reunión no era para sanarse!

"Entonces pensé que estaba muriendo físicamente", dijo Carey, "pero ahora sé que sólo estaba muriendo a mí mismo".

"Fue un sermón maravilloso", continuó recordando, "y bendijo a todos menos a mí. Había viajado más de mil millas para ser sanado; la reunión estaba llegando a su fin, y yo no había sido sanado".

Muchas almas se habían salvado aquel día, más de cincuenta hombres habían respondido al llamamiento del altar y se habían recibido muchas sanidades maravillosas, pero Carey Reams no estaba entre los sanados. Se sintió cruelmente decepcionado y lleno de absoluta desesperación.

Los acordes del último himno acababan de apagarse y el teatro estaba tan silencioso que se podía haber oído caer un alfiler. En palabras de Carey: "La Srta. Kuhlman levantó la mano para bendecirnos, pero no dijo ni una palabra, y mi corazón se hundió. En ese momento se desvaneció toda mi esperanza. Entonces, muy despacio, bajó la mano, me miró directamente y, señalándome con el dedo, dijo: "¿Es usted de Florida? Mis esperanzas se dispararon y respondí: "Sí". Luego, Carey continuó, "me pidió que me pusiera de pie y yo dije: 'No puedo' —y ella dijo, con firmeza: '¡En el nombre de Jesús, levántate y mira hacia arriba, y camina!'".

Carey empezó a levantarse con sus muletas. Los pasillos eran estrechos y llevaba un abrigo grande y pesado. Aquel día en Butler hacía diez grados bajo cero, y él, que venía de Florida, no estaba acostumbrado a un frío así, a intentar avanzar por aquel estrecho pasillo, abrigado con un abrigo, paralizado y manipulando las muletas sobre un suelo inclinado intentando no pisar los pies de la gente. No era tarea fácil *levantar la vista,* pero de algún modo lo consiguió.

"De repente", relató Carey, "la señorita Kuhlman me dijo: 'Quítate esa muleta derecha". Lo intenté y funcionó: mi pierna soportó mi peso, y recuerdo que me asombró que ella *supiera* que así sería".

En ese momento, el dolor de su cuerpo desapareció al instante. "Fue como si se apagara una luz", describió Carey, "o como si la tinta se extendiera sobre un papel secante".

Al darse cuenta de que su única pierna soportaba bien su peso, Carey soltó la segunda muleta y se puso de pie sólo y sin ayuda.

"La señorita Kuhlman me dijo entonces que subiera a la plataforma, unos escalones muy empinados, unos doce en total. Dos caballeros grandes y fuertes se pusieron a mi lado para ayudarme, pero no necesité ayuda. Subí al andén como un pájaro. Parecía que apenas tocaba el suelo, y no *caminé* hacia la señorita Kuhlman, *corrí*".

¿Le sorprendió su sanidad? "No, no lo estaba", respondió en tono firme. "Para esto he venido".

¿Se sorprendió cuando se encontró caminando sin muletas? "No, no me sorprendió", respondió. "Esperaba caminar sin ellas".

Y ésta fue la respuesta.

"Aquel primer día, la Srta. Kuhlman me dijo que mirara hacia arriba", dijo Carey Reams con una sonrisa, "y desde entonces no he dejado de hacerlo, en alabanza y acción de gracias a Dios...".

Al día siguiente de su sanidad, Carey pidió prestados algo más de cien dólares a su amigo Clyde, utilizando la mayor parte para el pago total de un camión de segunda mano. Necesitaba un camión para llevar a Florida los muebles de su mujer, que estaban almacenados en Pittsburgh. Aquella tarde ayudó a cargar el camión con los muebles y lo condujo de vuelta a Florida.

Un hombre, indefenso y moribundo, fue tocado por el Gran Médico, instantáneamente sanado, y al día siguiente cargó un camión con muebles y condujo todo el camino desde Pittsburgh, Pennsylvania, hasta Florida. Este es Dios, y Carey Reams es un testimonio viviente de Su poder.

Tres días después, entró en su propio garaje de Florida y se dirigió sin avisar al salón de su casa, donde estaban jugando sus tres hijos.

Los tres niños levantaron la vista y se quedaron boquiabiertos cuando él entró en la habitación. Permanecieron inmóviles durante unos segundos. No podían creer lo que veían sus propios ojos, pues era la primera vez en su vida que los dos más pequeños veían a su padre caminar sin muletas. Entonces, de repente, se dieron cuenta de lo que había ocurrido: su padre podía andar, su padre estaba curado y, como dijo Carey: "Todos empezaron a *piar*". Sólo los niños llenos de júbilo pueden hacer ese peculiar chirrido, como los pájaros felices".

Medio riendo y medio llorando, saltaron y aplaudieron, y luego se quedaron *mirando*.

"Estaba tan contento que no podía hacer otra cosa que mirarlos y alegrarme", continuó Carey. "No me había dado cuenta de que *mi* alegría iría más allá de mí mismo y de que a los niños les importaba tanto. Pero ¡cómo *se* alegraron aquella noche! Ojalá tuviera una foto de la alegría y el asombro en sus caras cuando me vieron allí de pie, sin muletas, y luego caminar por la habitación hacia ellos".

Desde entonces, Carey ha sido la viva imagen de una salud perfecta y robusta. Capaz de andar, correr y trepar, no quedó indicio alguno de su antigua parálisis.

Con los diecisiete dólares que le quedaban del dinero que le había prestado el taxista, y con ese único capital, emprendió su propio negocio. Desde el principio, este negocio prosperó. Carey fue Ingeniero Agrónomo Consultor, y llegó a ser candidato a Comisario de Agricultura de Florida.

Tuvo su propia casa y daba infinitamente más que el diezmo bíblico a obras de caridad. Cada centavo por encima de lo que es absolutamente esencial para una vida sencilla, lo regalaba para formar a jóvenes en la educación cristiana.

¿Por qué dedicó incansablemente su tiempo y esfuerzo a la educación religiosa de los jóvenes?

"Porque", dijo, "las estadísticas muestran que el setenta y cinco por ciento de los chicos y chicas formados en escuelas religiosas se convierten, cuando son adultos, en trabajadores activos de la iglesia y en feligreses, mientras que sólo el veinticinco por ciento sin este tipo de educación acaba yendo a la iglesia. Cuando nos damos cuenta de que tres de cada cuatro formados en escuelas religiosas son cristianos, siguen siéndolo y forman una familia cristiana, parece algo importantísimo en lo que invertir y que el mundo se ocupe de que estos jóvenes reciban ese tipo de formación".

Hubo algunos en el auditorio el día en que Carey Reams fue sanado, que tuvieron dificultades para creer lo que vieron, por lo tan dramático que fue. Yo mismo nunca había visto al Sr. Reams; había venido de muy lejos y no sabía nada de él. Para disipar cualquier duda sobre la veracidad de su sanidad, hice que se investigaran cuidadosamente sus antecedentes.

Todos los que le conocían, incluidos varios jueces, dieron excelentes referencias de su carácter. Se comprobó que su estado anterior era exactamente como él había afirmado, y sus historiales médicos están archivados en los hospitales como él ha declarado. Su sanidad es un milagro indiscutible, obrado por un Dios todopoderoso y misericordioso.

Aquellos niños que hicieron el "chirrido" aquella tarde de enero de 1951, finalizaron la escuela y realizaron sus carreras universitarias. "Todas las noches teníamos nuestros devocionales familiares. Los niños —por aquél entonces— amaban a la Srta. Kuhlman y nunca dejaban de hablar de ella. Jamás la olvidarían". Nunca he visto mayor aprecio en el rostro de un hombre que el expresado en el rostro del señor Reams al pronunciar esas palabras.

Respondí rápidamente lo que creía: que esto se debe simplemente a que están muy agradecidos a Jesús por lo que hizo por su papá.

Le insistí una vez más en que recalcara a sus hijos que yo no tenía nada que ver con su sanidad. Tales milagros se deben *siempre* al poder del Espíritu Santo y sólo a Su poder. Hay una cosa que Dios no compartirá con ningún ser humano, y es la "gloria".

> "Tuyo es el reino, el poder y la gloria por los siglos de los siglos".
>
> —Mateo 6:14

¡ENVIADA A CASA A MORIR!

Stella Turner

Herbert Turner no era emocional por temperamento, pero cualquier marido se pone nervioso cuando su mujer es operada, y Herbert no era una excepción. Mientras iba de un lado para otro esperando noticias de los médicos, la tensión que sufría era muy evidente.

Había mirado el reloj mil veces, preguntándose cuánto se tardaba en extirpar una vesícula biliar, cuando por fin vio que se le acercaban los dos cirujanos que la operaban. Una mirada a sus rostros abatidos le inundó de miedo. Antes de que tuviera tiempo de interrogarlos, uno de ellos habló: "Siento muchísimo tener que decirle esto, señor Turner, pero su mujer tiene cáncer".

Atónito por un momento, Herbert guardó silencio y luego preguntó: "¿Dónde está el cáncer? ¿Se lo han quitado todo?"

El cirujano negó con la cabeza y, con la mayor delicadeza posible, explicó: "Está en todo el cuerpo: hígado, estómago, vesícula biliar y páncreas. Está tan extendido y ella está tan mal que no pudimos operarla".

"¿Cuánto tiempo le queda?", preguntó Herbert con una voz que parecía pertenecer a otra persona.

"De seis a ocho semanas", fue la respuesta. "Podrá dejar el hospital en nueve o diez días. Entonces todo lo que puedes hacer es mantenerla cómoda hasta que llegue el final".

A Herbert le pareció que en ese momento su mundo se derrumbaba. Herbert Turner, que trabajaba para el Departamento de Hacienda en Massillon, Ohio, llevaba meses preocupado por su mujer. Había visto cómo su peso descendía de 60 kilos a 43. Había observado su creciente incapacidad para comer, hasta que finalmente ni siquiera pudo retener las gachas en el estómago, y había observado sus ataques cada vez más frecuentes de dolor casi insoportable.

Cuando ingresó en el hospital aquel 25 de enero de 1952, no pudo evitar preguntarse si la causa de *todos sus* males no sería el mal funcionamiento de la vesícula biliar. Y ahora el cirujano, uno de los cinco presentes en la operación, había confirmado sus peores temores. Stella, a sus 49 años, iba a morir en casa.

"¿Vas a decirle la verdad?", preguntó Herbert. El médico negó con la cabeza.

"No le diremos nada de inmediato", dijo. "Cuando llegue el informe completo del patólogo, le diremos que tiene un tumor maligno que no hemos podido extirpar en este momento".

Cuando se lo comunicaron varios días después, la paciente no se dejó engañar ni un instante. Era plenamente consciente de las implicaciones que sugería tener un tumor inoperable.

Stella debía volver a casa el domingo, tras nueve días en el hospital.

Era muy tarde la noche del miércoles anterior y Herbert, su hija y su cuñada estaban sentados en casa, después de su visita vespertina al hospital. Estaban sentadas en silencio, apesadumbradas por la muerte inminente y aparentemente inevitable de Stella. Entonces, de repente, la hermana de Stella dijo: "Escribamos todos una petición de oración a Kathryn Kuhlman".

Al ver la expresión de perplejidad de Herbert, su cuñada le explicó que una amiga suya le había hablado de los servicios y las emisiones.

"La medicina no puede ayudarla ahora", le recordó a Herbert. "Quizás esto lo haga".

Herbert iba a la iglesia con regularidad, al igual que su mujer, y creía en la oración, pero ninguno de los dos había oído hablar nunca de la sanidad divina. "Pensábamos que era algo que ocurría en tiempos bíblicos", decía. "Nunca supimos que ocurriese *ahora*".

Mientras escuchaba a su cuñada hablar de los servicios milagrosos de los viernes, Herbert exclamó: "Entonces, ¿qué vamos a hacer?

¿Seguiremos esperando? Si enviamos una petición de oración esta noche, llegará a tiempo para el servicio del viernes".

Así redactaron la petición, y a las tres de la madrugada Herbert la llevó a la estación de ferrocarril para enviarla por correo. Tal era la forma en que llegaban las peticiones por aquél entonces.

"Estaba desesperado", dice el Sr. Turner. "Sabía que lo único en lo que podíamos depositar nuestras esperanzas era en Dios. Yo creía en el poder de la oración, y si era cierto que Dios aún sana hoy en día, supuse que si todas esas personas creyentes del Carnegie Hall oraban por Stella, algo *podría* ocurrir".

Stella no sabía, cuando dejó el hospital dos días después del Servicio Milagroso, de la petición de oración enviada en su nombre. Sin embargo, creyó, en vista de lo sucedido, que su sanidad comenzó realmente al amanecer de aquel domingo en el hospital, pues en ese momento, a intervalos de diez minutos y durante treinta y seis horas, sus intestinos se movieron, "sacando el veneno de mi cuerpo", dijo por entonces.

El estado de Stella al llegar a casa parecía seguir exactamente la predicción de sus médicos; pero su marido y su hija

—y ella misma después de enterarse de la sanidad divina y empezar a escuchar las emisiones— se mantuvieron firmes ante sus adversas manifestaciones físicas. Tenían fe en que nada se tambalearía, en que ella se sanaría.

Estaba casi totalmente postrada en cama, demasiado débil y enferma para salir de ella salvo por breves períodos de tiempo. El dolor era intolerable sin dosis generosas de los analgésicos que los médicos le habían enviado a casa. "Cuando se acaben", le habían dicho en el hospital, entregándole un papelito, "pídale a su marido que le surta esta receta".

Stella no supo hasta mucho después que su hermana y sus dos sobrinos acudían regularmente a los servicios para orar por ella. Ella misma asistió a su primer servicio unas seis semanas después de salir del hospital.

Tan enferma estaba que se preguntó si sobreviviría al viaje a Youngstown. Vomitó durante todo el trayecto y, demasiado débil para caminar, su marido y su yerno tuvieron que subirla prácticamente a hombros por las escaleras del auditorio Stambaugh, ya que no pesaba más de 40 kilos.

"Sentí la Presencia aquella primera vez", dijo Stella; "y experimenté el poder".

A partir de entonces, todos los domingos, por muy enferma que estuviera, todos hacían el viaje a Youngstown. Aunque no se sanó instantáneamente, su estado empezó a mejorar lentamente. Llevaba meses sin poder comer más que unas cucharaditas de cereales cocinados, pero al volver a casa después del tercer domingo, pidió a su marido que parara a comprar verduras frescas. Él le replicó: "¡No puedes comer nada *así!*".

"Sí puedo", dijo, "*sé que* puedo". Y esa noche se comió un gran plato de verduras sin ningún mal efecto.

A la semana siguiente, pidió a su marido que pararan a cenar en Youngstown; allí consumió la primera comida que había podido comer y disfrutar desde que había comenzado su enfermedad.

No cabía duda de que estaba mejorando, pero el dolor continuaba. Una noche de principios de mayo, se le acabaron los medicamentos que le habían dado en el hospital y le pidió a su marido que fuera a la farmacia con la receta.

"Entré en aquella farmacia", contó Herbert, "y de repente fue como si oyera una voz que me decía: 'Stella no va a necesitar estos analgésicos'. Me di la vuelta y salí de nuevo, con la receta aún en la mano".

Esa receta nunca se surtió. A partir de ese día, Stella no volvió a necesitar un analgésico. En unos meses recuperó completamente las fuerzas y, como dijo su marido: "Desde entonces ha podido hacer más trabajo que otras mujeres que conozco: fregar paredes, cortar la hierba. Al principio no podía evitar que trabajara".

Sí, dirá el escéptico, pero el cáncer es una enfermedad que a menudo tiene remisiones. ¿Cómo saber que esto no había ocurrido en el caso de Stella? ¿Cómo saber sin lugar a dudas que el cáncer ya no estaba en el cuerpo de esta mujer?

El 1 de junio de 1955, tres años y medio después de haber sido sanada del cáncer, cayó enferma y su médico le diagnosticó de nuevo un problema de vesícula biliar. No *se* preocupó lo más mínimo, pues ya sabía que aquellos a quienes Dios ha sanado, *permanecen* sanos; y su marido y su hija compartían su fe.

Volvió al mismo hospital, al mismo equipo de cirujanos que la habían atendido antes.

Pero esta vez las cosas fueron muy distintas cuando los médicos bajaron del quirófano para darle la noticia a Herbert. De nuevo los vio acercarse a él, los mismos dos de antes. A medida que se acercaban, observó sus expresiones, y de nuevo supo qué esperar. Pero esta vez sus semblantes no eran sombríos y abatidos, sino una curiosa mezcla de júbilo y desconcierto.

"¿Y bien?" preguntó Herbert. "No hay cáncer", fue la respuesta. "¿Cómo explican esto?", preguntó Herbert, ansioso por escuchar lo que dirían.

"Sólo hay una manera de explicarlo", respondieron. "Alguien superior a nosotros se ocupó de tu esposa". Donde había estado el cáncer, ahora no había más que tejido cicatricial. Donde antes estaban dañados los órganos, ahora estaban totalmente restaurados y en perfecto estado. No había ningún signo físico de cáncer activo en el cuerpo de Stella Turner.

Como antes, se hicieron biopsias en el laboratorio del hospital de la ciudad de Massillon para confirmar el diagnóstico, pero dadas las circunstancias, esta vez también enviaron secciones a Columbus (Ohio) para que las examinaran. Los informes fueron negativos.

¿Se había equivocado el diagnóstico original?

No, ninguno de los médicos lo afirmó. Porque *cinco* cirujanos habían asistido a la primera operación y habían visto con sus propios ojos el estado del cuerpo de la señora Turner.

Algunos se preguntarán por qué tuvo que someterse a esta segunda operación tres años y medio después de sanarse del cáncer. Creo que fue para demostrar que el cáncer ya no existía. Sólo la cirugía podía dar esta prueba a los que pudieran tener dudas.

Stella se recuperó de la operación de vesícula con una rapidez que asombró aún más a sus médicos. Cuando volvió a su médico de cabecera un mes después para una revisión, éste la abrazó y le dijo: "Me alegro mucho por ti. Tú y tu familia son un ejemplo vivo para todos nosotros de lo que puede hacer la fe".

Las vidas de los Turner fueron muy diferentes desde la sanidad de Stella. Fueron más unidos como familia de lo que habían estado nunca, y cada uno de ellos vivió cerca de Dios. Asistieron regularmente a los servicios, así como a su propia iglesia. Stella nunca se perdía una retransmisión, y aunque durante años Herbert sólo podía escucharla los días festivos, luego de retirado la escuchaban juntos todos los días, de rodillas en oración y con acción de gracias. Leían la Biblia a diario y daban testimonio del poder de Dios en sus vidas.

El marido, la mujer, los médicos, la predicadora; ninguno de nosotros sabe qué pasó ni cómo. Sólo sabemos que Dios lo hizo, y esto es todo lo que tenemos que saber.

Jesús, estamos asombrados en tu presencia. No podemos decir cómo se hacen estas cosas. No podemos analizar la obra del Espíritu Santo. Sólo sabemos que por tu poder se realizan estos milagros, y mientras vivamos, te daremos la alabanza, el honor y la gloria.

“¡ESTO SÍ QUE ES ALGO!”

George Orr

Era domingo por la mañana. Para miles de personas era un domingo cualquiera, pero para George Orr iba a ser uno de los días más insólitos y emocionantes de su vida.

Veintiún años y cinco meses antes de ese día, George había sufrido un accidente en la fundición donde trabajaba en Grove City, Pennsylvania.

Durante los años que George había trabajado en la fundición, había seguido la misma rutina en innumerables ocasiones sin ningún percance. Llenaba un cazo relativamente pequeño de la cuba de hierro fundido situada junto al horno, y él y otros dos hombres lo llevaban de vuelta a la zona en la que estaban trabajando en ese momento, y lo vertían en los moldes que se iban a fundir ese día.

La mañana del 1 de diciembre de 1925, tuvieron que llevarla un poco más lejos de lo habitual. En el viaje de vuelta al horno, vieron que aún quedaba una pequeña cantidad de metal en su cazo. Se apresuraron, pues, antes de que se solidificara, a verterlo de nuevo en el gran contenedor, ya casi lleno hasta los topes con su nueva carga de metal fundido. Al verterlo y caer dentro, el hierro salpicó.

"Lo vi venir", dijo George, "e instintivamente cerré los ojos". Pero un párpado no es protección contra el hierro líquido al rojo vivo. Atravesó el párpado y se metió en el ojo, "cocinándolo", como él decía.

Con un dolor insoportable, George fue llevado rápidamente a la enfermería de la empresa, que le extrajo la astilla de metal del tamaño de un grano de trigo. George fue enviado inmediatamente a un oftalmólogo que rápidamente le administró un medicamento analgésico y luego negó con la cabeza mientras decía: "Lo siento, Orr, pero nunca volverás a ver por este ojo".

A George le esperaban seis meses de sufrimiento.

El ojo se infectó rápidamente a pesar del tratamiento preventivo. Durante seis largos meses, el sufrimiento fue tan intenso que no podía tumbarse en la cama. Dormía, cuando podía, en el suelo del salón para no molestar al resto de la familia. Durante el año siguiente George consultó a varios médicos, entre ellos un destacado oftalmólogo de Butler, Pennsylvania. Este último, tras examinar el ojo lesionado, le ingresó en el hospital donde, luego de un exhaustivo examen, emitió el veredicto final: nunca volvería a ver por el ojo derecho. Posteriormente, en 1927, el estado de Pennsylvania le concedió una indemnización por accidente laboral por la pérdida del ojo.

Ya era bastante malo perder la visión en *un ojo*, pero poco a poco, con el paso del tiempo, empezó a notar, para su angustia, que el otro ojo se estaba estropeando. Cada vez tenía más dificultades para leer y "mucho antes de que oscureciera de verdad por la noche", recuerda, "tenía que dejar de hacer lo que estaba haciendo simplemente porque no podía ver. Nunca dije nada a mi familia, pero ellos sabían, como yo, que mi vista se iba".

George acudió entonces a un oftalmólogo de Franklin, Pennsylvania, por aquel entonces uno de los más destacados

abrigo. Bajó la vista para ver lo que ella estaba mirando y vio que estaba empapado, con las lágrimas brotando de su ojo cegado.

"Recuerdo lo terriblemente avergonzado que estaba", decía George mientras sonreía, "y lo rápido que saqué el pañuelo y me limpié la chaqueta".

La reunión se dio por terminada, y cuando George se levantó de su asiento e intentó caminar por el pasillo, se dio cuenta de que no podía andar recto. Se volvió hacia el joven con el que había venido y le dijo: "Tengo una sensación muy extraña. No puedo explicarlo, pero algo se ha apoderado de mí que no comprendo".

Era el poder de Dios, que nunca antes había experimentado.

Las dos parejas emprendieron el regreso a Grove City.

"Cuando hicimos el giro en nuestra ruta", relataba George, "me fijé en la señalización 09 de la carretera: Rutas 8 y 62. Nunca había visto estas señales antes, pero aún así no me di cuenta de lo que había pasado". "Pasamos claramente por encima de la colina", continuó George, "y de repente pareció como si una pesada nube que había cubierto el sol, pasó por encima, y el sol salió muy brillante y fuerte. Miré al cielo, pero no había ninguna nube a la vista".

George se dio cuenta entonces de que había ocurrido algo tremendo.

En ese momento se encontraban en un tramo de la colina donde se veía una carretera que se aproximaba por debajo. George cerró su ojo "bueno" y con el otro —ciego desde hacía más de veintiún años— pudo ver los coches que subían por la otra colina.

"Me quedé estupefacto", recordó. "No me lo podía creer y no dije nada durante un buen rato. Me sentí completamente abrumado por la maravilla".

Finalmente se volvió hacia su mujer y exclamó: "¡Puedo *ver!* Puedo verlo *todo*".

Cuando llegaron a casa, George entró en ella de una forma poco habitual. El plano de la casa era tal que se entraba por el vestíbulo hasta la cocina. Pero ese día, George entró por el salón, pasó por el comedor y llegó a la puerta trasera.

"Al otro lado del suelo de la cocina", dijo, "había un pequeño reloj que había comprado, uno de esos relojes de pared con una esfera muy pequeña. Antes de girarme para mirar el reloj, mi mujer me dijo: "¿Qué hora es en ese reloj? *¿De verdad* puedes ver con ese ojo?".

George se tapó el otro ojo y leyó la esfera: "Las seis menos cuarto", respondió sin vacilar.

Su mujer sonrió, con cara de alegría, y dijo: "Oh, gracias a Dios, es verdad. Ya lo ves".

Notarán que nunca había orado por George Orr; nunca lo había tocado. Su sanidad le llegó mientras, sin que yo lo supiera, estaba sentado en el auditorio aquella tarde de mayo de 1947.

George volvió a la consulta del optometrista que veintiún años antes le había hecho las gafas para su ojo "bueno". Se encontró con que el hombre que había conocido había muerto, pero su sucesor estaba en su lugar. George le pidió que le examinara el ojo, pero antes de hacerlo, le dijo: "Este ojo tiene toda una historia".

"Pues, oigámosla", fue la respuesta.

Pero antes de contar su experiencia, George hizo una pregunta: "¿Crees en la sanidad divina?"

"Sí", fue la respuesta. "Sí, creo".

Entonces George supo que era libre de hablar y relató lo que le había ocurrido.

El optometrista le hizo un examen minucioso, en medio del cual le preguntó: "¿Dónde compró sus últimas gafas?"

Cuando George contestó: "Aquí mismo, en esta consulta", el optometrista dijo: "Entonces su historial debe de estar aquí. Espere un momento".

Volvió al despacho interior y salió con los registros. Los estudió y, mientras leía, no dejaba de mirar perplejo a George.

A continuación, volvió a colocar los discos y completó su examen. Dijo: "Sr. Orr, la cicatriz de su ojo derecho ha desaparecido por completo". Y luego pasó a preguntarle: "¿Sabía usted en qué pésimo estado se encontraba su *otro ojo la* última vez que se lo examinaron?"

George, recordando demasiado bien su miedo a la ceguera total, asintió.

"Bueno", dijo el optometrista, "¡ha recibido una sanidad maravillosa no sólo en uno, sino en los *dos ojos*!"

Unos dos años después de su sanidad , George decidió gastarle una pequeña broma al médico que le había atendido en Butler, tanto mientras estuvo en el hospital como después de salir de él, el mismo médico que había presentado sus conclusiones a la junta de compensación, conclusiones que dieron lugar a una compensación estatal por la pérdida de un ojo.

"Sabía que no se acordaría de mí después de tantos años", dijo George, "así que me llevé a la Sra. Orr conmigo y en el bolsillo metí un papelito: la indemnización del juez —¡y luego entré en la consulta del médico y le pedí que me examinara el ojo!"

Tras el examen, George preguntó: "Bueno, ¿cómo me encuentras?"

"En excelente estado", dijo el médico, "un ojo está ligeramente mejor que el otro, pero eso no es nada. Mis ojos están exactamente igual. Su ojo izquierdo está perfecto: el derecho tiene un 85% de visión normal".

A continuación, George metió la mano en el bolsillo y le entregó las conclusiones de la junta de compensación.

El médico lo leyó asombrado, y no dejaba de repetir: "Esto es *algo... esto* es *realmente* algo".

No intentó negar que la sanidad —no podía, que conste— estaba allí, delante de él.

Dios obró un milagro en la vida de George Orr. "Señor, que reciba la vista", había sido su súplica. Y como al ciego Bartimeo hace casi dos mil años, había llegado la respuesta: "Vete; tu fe te ha salvado" (Marcos 10:52).

“OÍ LA VOZ DE DIOS...”

Eugene Usechek

El apuesto joven entró orgulloso en el Hospital Infantil de Pittsburgh. Iba allí con cita previa para ver a un médico muy conocido. Se trataba de un momento muy importante en su vida, pues iba a someterse a un reconocimiento médico antes de ingresar en las Fuerzas Aéreas de los Estados Unidos.

Volvía al mismo médico que había sido el suyo cuando padeció la enfermedad de Perthes a los nueve años.

Ninguno de los Usechek pudo olvidar jamás aquel año en que Eugene, el mayor de sus tres hijos, tenía nueve años.

El día después de Navidad de 1949, la señora Usechek había ido a la ciudad para aprovechar las rebajas de después de Navidad. Dejó a Eugene y a sus hermanos pequeños al cuidado de un chico de dieciséis años, que a menudo los había cuidado en el pasado cuando ella necesitaba ausentarse unas horas.

Cuando llegó a casa a última hora de la tarde, los chicos la recibieron con su habitual buen humor y parlotearon sobre lo bien que se lo habían pasado con su “niñera”, especialmente sobre el divertido juego al que habían jugado Eugene y él: una especie de tira y afloja con una correa atada a las piernas, para ver quién tiraba con más fuerza.

Nadie sabrá si esto tuvo algo que ver con lo ocurrido, pero dos días después Eugene empezó a cojear.

La señora Usechek le preguntó si le dolía la pierna y, cuando le dijo que no, no se preocupó. Cualquiera que conozca a los niños pequeños sabe que siempre juegan brusco y se golpean constantemente, así que la madre de Eugene supuso que su hijo tenía un moretón en la pierna.

Pero seguía cojeando y, al cabo de varias semanas, la señora Usechek empezó a preocuparse porque parecía empeorar. Entonces lo llevó, a pesar de sus protestas ("¡Pero si no me duele nada, mamá!"), al médico de cabecera, que enseguida llegó a la misma conclusión que la Sra. Usechek: que sin duda se trataba de un moretón. Sin embargo, dos semanas después, Eugene volvió un día del colegio quejándose de que le dolía el talón izquierdo. Su madre le examinó el pie con cuidado, pero no pudo encontrar ningún signo de lesión.

Durante los días siguientes, Eugene se quejó cada vez más del dolor en el talón. Su madre se dio cuenta de que nunca lo dejaba tocar el suelo.

Lo llevó de nuevo al médico de cabecera, que ordenó radiografías. Dos días después, con profunda preocupación en la voz, el médico dio el veredicto: Eugene era víctima de la enfermedad de Perthes. A la preocupada pregunta de la Sra. Usechek, el médico le explicó que se trataba de una enfermedad en la que se producen cambios en el hueso de la cabeza del fémur (hueso del muslo) que dan lugar a la deformidad. La instó a concertar inmediatamente una cita con un eminente traumatólogo del Hospital Infantil.

A los pocos días, Eugene y su madre estaban sentados en la consulta del especialista.

El médico examinó detenidamente al niño y llamó a otro traumatólogo para consultarle. Hablaron durante unos minutos y luego dijeron a la Sra. Usechek que su hijo debía ingresar inmediatamente en el hospital. Le señalaron algo de lo que no se había percatado antes: la pierna izquierda del niño estaba menos desarrollada que la derecha, y ya era un centímetro y medio más corta.

Durante los diez días que permaneció en el hospital, se le hicieron más radiografías; el diagnóstico se confirmó sin ningún género de dudas, y el niño fue sometido a tracción. La tracción no surtió efecto en la extremidad acortada, por lo que se le enyesó desde el pecho hasta los dedos de los pies y se le dio el alta.

Eso fue en febrero, y cuatro meses después volvió al hospital, donde le quitaron la escayola y le hicieron más radiografías. Le pusieron otra escayola, que le duraría hasta agosto.

Fue a finales de junio cuando la Sra. Usechek oyó hablar por primera vez de los servicios que se iban a celebrar en el Carnegie Hall.

"Un vecino me aconsejó que escuchara la emisión", dijo, "y luego enviara mi petición de oración. Al día siguiente empecé a escuchar, y comencé a ayunar y a orar por la sanidad de Eugene".

El 1 de agosto volvió a llevar a su hijo para que le hicieran más radiografías. Le quitaron la escayola y le pusieron una férula.

Ya había sido bastante malo estar enyesado durante el calor abrasador de aquel verano, pero el aparato ortopédico, que también se extendía desde las caderas hasta los dedos de los pies y pesaba casi siete kilos, resultó aún más incómodo. Eugene, increíblemente paciente durante todo este periodo, sin quejarse nunca, incluso intentando jugar al béisbol con sus amigos mientras llevaba la escayola y las muletas, suplicaba ahora a su madre: "Mamá, por favor, ¿no me puedes volver a poner la escayola en vez de este aparato?"

Esta súplica de su hijito rompió el corazón de su madre, especialmente en vista del hecho de que bien podría tener que llevar ese aparato ortopédico por el resto de su vida, y que su pierna, a menos que Dios la tocara, muy probablemente empeoraría progresivamente, continuando, como ya había comenzado, a arrugarse hasta la completa inutilidad y deformidad.

El último día de agosto, acudió sola a su primer servicio en el Carnegie Auditorium.

"Sólo había estado en mi propia iglesia y nunca había visto un servicio religioso como éste", sonrió la señora Usechek, "y ni siquiera había oído hablar de la experiencia del nuevo nacimiento".

"Me gustó el servicio, pero no entendí nada de él. Aun así, sentí algo en ese auditorio que nunca había sentido antes, y quise volver y aprender más sobre ello".

A la semana siguiente, la Sra. Usechek llevó a Eugene con tirante y todo. Otras personas se curaron maravillosamente ese día, pero Eugene no. Como dice la Sra. Usechek: "Todavía era muy ignorante sobre todo esto. Era todo tan nuevo para mí".

A principios de octubre de 1950, la Sra. Usechek llevó de nuevo a Eugene al Carnegie Hall. Llegaron un poco tarde al servicio y no pudieron encontrar asiento, así que se pusieron de pie contra la pared más alejada del auditorio. Y de repente ocurrió. La pierna izquierda de Eugene empezó a temblar: el poder de Dios la atravesaba.

La señora Usechek miró rápidamente a su hijo y vio el resplandor en su rostro. Abrazó a su hijo y se echó a llorar. De repente se dio cuenta de que lo que quedaba por hacer era entre ella y Dios. Tendría que tener la fe de creer en Dios hasta el punto de actuar, de actuar ella. Hizo una oración rápida y, antes de que terminara, supo que había recibido esa fe.

Con la mano de su hijito en la suya, la señora Usechek le llevó al salón de señoras. Le dijo que esperara allí un momento y salió en busca de un acomodador. Al primero que vio, se detuvo y le pidió un destornillador. Le consiguió uno rápidamente, ella le dio las gracias y se lo llevó a la sala.

Allí, con una oración en los labios, desatornilló y quitó la abrazadera del zapato izquierdo de su pequeño. Luego le hizo quitarse los dos zapatos y le pidió que caminara por el amplio salón. Lo hizo sin dificultad y sin ningún signo de cojera. Entonces lo puso delante de ella y vio lo que había ocurrido: ¡la pierna izquierda había alargado milagrosamente el centímetro y medio que le faltaba y estaba exactamente igual que la derecha! Caminaron juntos a casa, la Sra. Usechek llevando el aparato ortopédico.

A la mañana siguiente llamó al médico, que se quedó horrorizado al oír lo que había hecho. Le dijo que la retirada de la férula causaría un daño incalculable a su hijo y le quitaría cualquier esperanza de mejora en el futuro.

La Sra. Usechek estaba francamente aterrorizada, y durante las semanas siguientes se enzarzó en el conflicto interior más terrible que jamás había soportado.

Había actuado en y por fe. Creía plenamente en el poder de Dios para curar; sabía que Dios había tocado a Eugene. Pero entonces, se dijo a sí misma, Dios también actúa a través de los médicos. Quizá debería prestar atención a lo que le decían los médicos.

Durante las semanas siguientes le puso y le quitó el corsé, como él decía, al menos mil veces. Después de hablar con los médicos, se la ponía y, tras orar encarecidamente, se la quitaba.

Un día, casi inmediatamente después de ponérsela, la pierna se llenó de forúnculos.

"Era Dios quien hablaba", dijo, "y ahora lo sé, pero entonces estaba demasiado alterada, insegura y asustada para escuchar".

Entonces se la quitó, hasta que los forúnculos desaparecieron, y luego se la volvió a poner. Esta vez, la pierna se volvió negra y azul casi de inmediato y sin motivo aparente.

"Finalmente", dijo, "oí la voz de Dios y vi Su mano en estas cosas. Se lo quité de una vez por todas y lo mantuve.

Habiéndome decidido a creer *realmente* en Dios para la curación de Eugene, dejé de tener miedo".

Su pierna, desde el primer momento en que le quitó la férula en el auditorio, permaneció perfecta.

A petición de sus médicos, la Sra. Usechek llevó a Eugene a intervalos regulares para que le hicieran revisiones. Quedaron asombrados de su sanidad y reconocieron que era un milagro.

Tres años después de la sanidad, recibió lo que hoy es una de sus posesiones más preciadas: una carta fechada en marzo de 1953 y firmada por los dos eminentes traumatólogos que habían tratado a su hijo. Le pedían que volviera a llevar a Eugene al hospital y se ofrecían a pagar todos los gastos, para que pudiera ayudar a otros *sin* fe a creer y demostrarles que el poder sanador de Dios era real.

El Sr. y la Sra. Usechek donaron al hospital el aparato ortopédico que su hijo había llevado durante tan poco tiempo antes de su sanidad.

Eugene asistió al Waynesburg College, donde jugó en el equipo de béisbol y ganó el trofeo al jugador más destacado de su promoción.

Y entonces decidió alistarse en las Fuerzas Aéreas de los Estados Unidos, donde los requisitos físicos son probablemente más estrictos que en cualquier otro campo de actividad en el país.

Antes de que lo aceptaran en octubre de 1961, le hicieron volver a los mismos médicos que le habían tratado de la enfermedad de Perthes y le hicieron una radiografía.

Finalmente, lo aceptaron como miembro de las Fuerzas Aéreas, en la División de Códigos Secretos.

Después de escuchar esta historia del poder de Dios, ¿quién no puede decir conmigo: "Creo en los milagros"?

6

TÓMALE LA PALABRA A DIOS

Bruce Baker

Dos personas más agradecidas que nunca conocerás. A menudo, de pie en la plataforma, miro los rostros de la gente que está entre la multitud, y veo al Sr. y la Sra. Bruce Baker. Nuestras miradas se cruzan y saludamos con la cabeza; nuestros corazones se funden en gratitud y acción de gracias al Señor por su misericordia al sanar a Bruce.

Bruce Baker trabajaba para una gran empresa embotelladora de Youngstown, Ohio. Fue a principios del otoño de 1948 cuando comenzó su enfermedad.

Todo empezó con lo que parecía ser una inocente tos seca. Bruce no estaba preocupado en absoluto. Pensó que dejar de fumar y una caja de pastillas para la tos lo sanarían. Pero no fue así: la tos empeoró hasta que empezó a llevarse al trabajo todos los días un frasco de jarabe para combatirla, el cual tomaba en intervalos regulares. Pero los ataques de tos eran cada vez más frecuentes y graves.

Una noche de octubre llegó a casa del trabajo sintiéndose miserablemente enfermo. Febril, con el pecho dolorido de toser continuamente, le dijo a su mujer: "Supongo que tengo bronquitis, Ginebra". Se curó en casa durante unos días y luego volvió al trabajo, sintiéndose un poco mejor, pero aún lejos de estar bien.

Tres semanas más tarde, el 2 de noviembre, llegó a casa del trabajo un día a mediodía, demasiado enfermo para mantenerse en pie. No volvería a trabajar en casi cinco años.

Aquella primera noche de su enfermedad iba a marcar la pauta de las muchas noches que vendrían en los ocho meses siguientes.

Se acostó con fiebre alta: a las siete de la tarde sufrió un violento escalofrío. A pesar de la bolsa de agua caliente y de las mantas adicionales que le echó su mujer, siguió con fiebre hasta pasadas las cuatro de la mañana del día siguiente. Aquella tarde, el médico le diagnosticó una neumonía vírica. Durante treinta días recibió tratamiento para esta enfermedad, y su estado siguió empeorando en lugar de mejorar.

Todas las tardes, Bruce observaba con temor cómo las manecillas del reloj se acercaban a las seis. Había aprendido a temer esa hora, porque sabía demasiado bien lo que le esperaba. Con una regularidad devastadora, el mismo patrón se repetía noche tras noche. Entre las seis y las siete, se apoderaba de él un fuerte escalofrío, tan violento que toda la cama temblaba y el castañeteo de sus dientes se oía en la habitación contigua. Desde la hora en que comenzaba el tembleque, alternaba escalofríos y sudores durante toda la noche hasta las cinco de la mañana, más o menos, cuando caía en un sueño exhausto, que duraba quizá una hora, cuando volvía a despertarle un ataque de tos.

Sería difícil decir si el escalofrío, la sudoración o la tos eran más angustiosos, porque cuando el escalofrío aparecía, su cuerpo estaba bañado en sudor y su cama empapada hasta el colchón. Su esposa Ginebra tenía que cambiarle la ropa de cama al menos cuatro veces por noche, y tan debilitantes eran estos fuertes sudores, que el médico se mostró muy preocupado.

Pero ahora se manifestaba el síntoma más aterrador de todos: cada vez que tosía presa de un escalofrío, se veía incapaz de respirar, y ningún medicamento parecía aliviar esta aterradora falta de aliento.

"Muchas veces", relataba su mujer, "se le ponía la cara negra y la lengua le colgaba de la boca, mientras intentaba forzar físicamente la entrada y salida de aire de sus pulmones".

Y muchas fueron las noches que Ginebra pasó en oración, sentada y arrodillada junto a su cama durante toda la noche. "Sabía que Dios era su única salvación", decía con sencillez.

Al cabo de treinta días, postrado por la alternancia de escalofríos y sudores, agotado por la tos continua, aquejado de una dificultad respiratoria cada vez mayor, Bruce se encontraba en estado grave. El médico sabía que una neumonía vírica no bastaba para explicar su enfermedad.

Durante los meses siguientes, en un esfuerzo por averiguar el origen de su enfermedad, Bruce fue sometido a pruebas de malaria, psitacosis (fiebre del loro), tuberculosis y fiebre ondulante. Todas estas pruebas resultaron negativas, y su enfermedad no remitió.

Finalmente, uno de los médicos del South Side Hospital de Youngstown, Ohio, le interrogó detenidamente sobre la naturaleza de su trabajo antes de que enfermara. El médico descubrió que en la lavadora de botellas se mezclaba un álcali con agua con fines de esterilización.

Bruce trabajaba al aire libre utilizando un palo para remover la mezcla, pero la teoría del médico era que, cuando soplaba el viento, Bruce debía de haber inhalado grandes cantidades de los humos. El médico sospechó daños pulmonares por esta causa y sugirió que se llevara al paciente a la Clínica Blogden de Cleveland para que confirmaran este diagnóstico tentativo.

La clínica comprobó que sus pulmones estaban muy quemados por la inhalación de vapores alcalinos en la planta. Se le diagnosticó enfisema y asma bronquial. Se sometió a un largo tratamiento en Cleveland, pero su estado no mejoró.

Aunque muchas personas nunca han oído hablar del enfisema, su prevalencia es mayor que la del cáncer de pulmón y la tuberculosis juntos. Es difícil de diagnosticar, y a menudo se confunde con bronquitis o asma bronquial.

En esta enfermedad los pulmones se llenan de aire que el paciente no puede exhalar; esta dificultad radica en que no puede *respirar*. Con el tiempo, los pulmones sobreextendidos pierden su elasticidad. El diafragma, que se mueve libremente hacia arriba y hacia abajo durante el proceso respiratorio normal, se aplana gradualmente y queda inmóvil. La persona normal en reposo respira unas 14 veces por minuto, mientras que la víctima de un enfisema respira hasta 30 veces por minuto y sigue sin poder obtener suficiente oxígeno. Sufre una deficiencia crónica y generalizada de oxígeno, y sus músculos se debilitan por la falta de éste y el desuso, hasta que la menor actividad supone un esfuerzo casi sobrehumano por parte del paciente.

Otra característica de la enfermedad es la incapacidad del paciente, por mucho que tosa, para expulsar la mucosidad que le molesta. Al esforzarse inútilmente por expulsarla, los bronquios se rompen. Inflamados y cicatrizados, se espesan y se estrechan cada vez más.

No existe cura médica conocida para esta enfermedad, sólo intentos de tratamiento paliativo, que en algunos casos ayudan y en otros no. Todas sus víctimas, independientemente del tratamiento, están condenadas a vivir luchando contra la falta de aire.

El grado de incapacidad depende de los daños sufridos por los pulmones. En el caso de Bruce, sus pulmones habían sufrido quemaduras graves y, según la opinión médica, daños graves y permanentes. Su incapacidad era prácticamente total.

Durante ocho meses después del primer diagnóstico erróneo de neumonía vírica, Bruce siguió sufriendo los escalofríos nocturnos. Durante este periodo, no pasó más de dos noches consecutivas sin tenerlos. Cuando por fin se le permitía salir de la cama durante breves periodos de tiempo, se veía incapaz de dar más de unos pasos sin sufrir una aguda angustia por la falta de aliento.

"Nuestro dormitorio estaba al lado de la cocina", relataba, "pero cuando iba de allí a la cocina para comer, me desplomaba en la mesa y tenía que estar sentado quince minutos antes de poder probar un bocado".

Los meses se convirtieron en años, durante los cuales Bruce fue hospitalizado tres veces en Youngstown y estuvo bajo el cuidado de un total de nueve médicos. Nadie ni ningún tratamiento pudieron ayudarle. Durante más de cuatro años no pudo trabajar; lo único que podía hacer era, como él decía, "estar sentado o tumbado".

Sin embargo, en algunos memorables días de verano de esos años, fue capaz de caminar lentamente, haciendo pausas para respirar, hasta el patio.

"Allí se sentaba", recordaba Ginebra, "y me veía cortar el césped, y se le saltaban las lágrimas de que yo tuviera que hacerlo mientras él permanecía sentado impotente".

Bruce no era entonces cristiano, pero como él decía, "*sabía* que Dios podía hacer *cualquier cosa*".

Bruce y su esposa habían escuchado las emisiones, y tres o cuatro veces durante este periodo de enfermedad de Bruce, Ginebra le había llevado a los servicios.

"Nunca sabré cómo conseguí llegar hasta allí y mucho menos hacer cola todo ese tiempo esperando a que se abrieran las puertas", contó Bruce. "Este hecho en sí mismo demuestra hasta qué punto Dios ha estado con nosotros todo el tiempo".

"La primera vez que fuimos, y vi a gente sanada por Dios, supe mejor que nunca lo maravilloso que era Él. Aquella tarde supe que era un pecador, pero también supe que Dios me amaba, y que lo que había hecho por otros lo haría por mí. Cuando vi que mi esposa oraba por mí toda la noche, a menudo sin irse a la cama", continuó Bruce, "me di cuenta de que si yo iba a ser sanado, también necesitaría mi oración. No se me daba muy bien orar, pero lo hacía lo mejor que sabía".

Era mediodía de un martes de principios de noviembre de 1952, cuando Ginebra le dijo a su marido: "Me gustaría que escribieras una petición de oración a la señorita Kuhlman. Pero hazlo tú, no yo, porque esto es algo entre tú y el Señor". Mientras él estaba sentado a la mesa de la cocina, ella le trajo lápiz y papel. Él escribió la petición de inmediato, y Ginebra fue directamente a enviarla por correo, tal como se acostumbraba en aquellos tiempos donde la mensajería carecía de inmediatez.

El sábado siguiente, cuatro días después, Ginebra había planeado trabajar unas horas para su hermana en Masury, Ohio, donde tenía una tienda y un restaurante. Con Bruce sin trabajo desde hacía casi cuatro años y sin recibir dinero, salvo por unos pocos dólares del fondo de compensación de los trabajadores, a los Baker les costaba salir adelante, y Ginebra estaba contenta de ganar el dinero que pudiera, sin tener que dejar a su marido enfermo durante demasiado tiempo.

Estaba muy nerviosa por dejarle ese sábado en particular. Parecía, en todo caso, peor que de costumbre, y si le ocurría algo, no podría localizarla por teléfono. Hacía tiempo que habían dado de baja el teléfono porque no podían pagar la cuenta.

Estaba tan preocupada que jugó con la idea de no ir a Masury, pero decidieron que simplemente tendría que arriesgarse: necesitaban cada céntimo que pudiera ganar para pagar cuatro toneladas de carbón que les habían entregado el día anterior y que ahora estaban en el patio, esperando hasta el domingo, cuando un buen amigo les había prometido ir a palearlo hasta el sótano.

Hacía media hora que Ginebra se había ido y Bruce estaba sentado en su silla habitual.

"De repente", dijo, "supe que era el momento de tomarle la palabra a Dios: 'Por mis llagas habéis sido sanados', así que levanté la vista y le pedí a Dios que me sanara como había visto que sanaba a tantos otros".

Inmediatamente Bruce sintió un gran calor que se extendía por su pecho, y luego se sintió mortalmente enfermo. Estaba muy asustado por cómo se sentía, y entonces se dijo a sí mismo: "No tengas miedo de Dios. Esto es lo que has pedido".

Entró tambaleándose en su cuarto de baño y se apoyó en el lavabo para recuperar el aliento. Y de repente salió de su boca lo que describe como "el equivalente a un gran vaso de agua lleno de líquido pesado y transparente". Cuando levantó la cabeza, respiró *profundamente por primera vez en cuatro años.*

"Fue una sensación demasiado maravillosa para intentar describirla", sonrió al recordarla. "Salí al patio y caminé arriba y abajo sin parar, riendo, llorando y dando gracias a Dios al mismo tiempo".

Cuando Ginebra volvió de casa de su hermana aquella tarde, se dio cuenta de que la pila de carbón casi había desaparecido del patio trasero. Bruce había sacado tres de las cuatro toneladas de carbón. Al entrar en la casa, llamó primero: "¿Estás bien, cariño?"

Ante la rápida respuesta afirmativa de él, ella preguntó, de camino al dormitorio: "¿Quién ha tenido la amabilidad de echar nuestro carbón al sótano mientras yo no estaba?"

"Lo hice", fue la respuesta.

Bruce salió entonces al salón, para saludar a su mujer. Ella le miró a la cara y supo lo que había pasado. Juntos, de rodillas, dieron gracias a Dios.

Esa noche, durante la cena, Ginebra le preguntó a su marido: "Cariño, ¿cómo es que has dejado ese montoncito de carbón todavía en el patio? ¿Te cansaste mucho antes de meterlo todo?"

"No", contestó Bruce con una sonrisa. "Pero Noble ha hecho planes para venir mañana y traernos el carbón, y no quería que llegara y no encontrara nada, ¡así que le dejé ese montoncito!"

Dos días después, Bruce Baker, que durante más de cuatro años no había sido capaz de dar cinco pasos sin provocarse un fuerte ataque de tos y sin tener que detenerse y jadear para respirar, recorrió a pie los tres kilómetros que separaban su casa de la ciudad. Se detuvo frente al juzgado y miró hacia arriba: cuatro pisos de altura y, como bien sabía, había ascensores, pero prefirió caminar. Respiró hondo, entró en el edificio a paso ligero y, sin aflojar el paso, subió los cuatro tramos de escaleras y los volvió a bajar.

Este es Dios.

Bruce Baker finalmente se sanó en aquellos días a finales de 1952, los médicos no le encontraron nada malo y dieron fe de que sus pulmones estaban perfectos.

Se dedicó a la jardinería para ganarse la vida y, entre otras cosas, en su casa manejaba el cortacésped motorizado cuesta arriba y cuesta abajo, desde las ocho de la mañana hasta, a menudo, pasadas las tres de la tarde. "*Eso no se* hace si no se tienen buenos pulmones", sonreía Bruce cuando contaba su anécdota por aquellos días.

Y luego continuó diciendo, irradiando alegría mientras hablaba: "Simplemente no hay palabras para decir lo que uno siente cuando Dios nos sana. Ginebra y yo le damos las gracias todos los días de nuestra vida, e intentamos hacer algo por Él a cambio".

La fe activa cree en Dios hasta el punto de pasar a la acción. "Parecía saber que era el momento de *tomarle la palabra a Dios*".

Siempre me ha emocionado leer ese glorioso relato de Josué y los hijos de Israel emprendiendo esa última marcha alrededor de las murallas de Jericó. El Señor les había prometido la ciudad. Llegó el séptimo día, y seis veces habían marchado alrededor de la muralla de la ciudad, ni un ladrillo se había movido, ni una pulgada de mortero fuera de lugar, y ni siquiera una grieta en la muralla, *¡pero Dios lo había prometido!*

"Y aconteció que al séptimo día, cuando los sacerdotes tocaron las trompetas, Josué dijo al pueblo: Gritad, porque Jehová os ha dado la ciudad" (Josué 6:16).

Ni la más mínima grieta en el muro, ¡ni un ladrillo había caído! "Y el pueblo gritó con gran júbilo, que el muro se derrumbó de *plano, de modo* que el pueblo subió a la ciudad, cada uno derecho delante de sí, y tomaron la ciudad".

El secreto de la victoria fue este grito de fe que se atrevió a reclamar una victoria prometida con la sola autoridad de la Palabra de Dios. Es cuando la fe activa se atreve a creer a Dios hasta el punto de actuar, cuando algo tiene que suceder.

"ESO ES DIOS"

Betty Fox

Nunca olvidaré la primera vez que la vi: una niña monísima, si es que alguna vez he visto una, de un metro setenta, con ojos marrones enmarcados por largas pestañas oscuras. Comprendí fácilmente por qué la llamaban "Betty Boop" en el restaurante donde trabajaba en Rochester, Pennsylvania.

Me resultaba difícil creer que aquella "chica" no era una chica, sino la madre de un hijo adulto. Sin duda, para quienes no conocen el poder de Dios sería aún más difícil creer que, poco antes, esta mujer vivaz y radiante de salud había estado en las últimas fases de la esclerosis múltiple.

Betty Fox llevaba años enferma de esta despiadada enfermedad para la que por aquél entonces no existía cura médica conocida; una enfermedad que, a pesar de los tratamientos paliativos y de las remisiones temporales falsamente alentadoras, seguía un curso implacable de paralización progresiva hasta que el paciente quedaba finalmente indefenso.

Betty había llegado a este punto en la primavera de 1950. Hacía meses que no salía de su apartamento del cuarto piso, sin ascensor, excepto cuando su marido la llevaba al médico, ya que para entonces era completamente incapaz de andar.

Cuando su marido estaba en casa, se ocupaba de ella y la llevaba de un lado a otro como si fuera un bebé. Cuando él no estaba, gateaba por el suelo para ir a donde tuviera que ir, pero ni siquiera así llegaba lejos, impedida por unos brazos prácticamente inútiles.

Por supuesto, algunos días eran mejores que otros —una característica de la enfermedad— y en sus días "buenos", se desenvolvía ligeramente mejor; es decir, que en estos días era capaz de maniobrar tortuosamente de pata de silla en pata de silla, y así podía cubrir una mayor distancia.

Tenía las piernas heladas y entumecidas, al igual que los brazos hasta los codos. Sus manos eran inútiles, incapaces de agarrar nada. Durante mucho tiempo tuvieron que darle de comer, tarea que los amables vecinos hacían por turnos cada mediodía, cuando su marido estaba trabajando.

"Y cuando intentaban darme de comer", recordaba Betty, "a menudo temblaba tanto que no podían llevarme la cuchara a la boca".

El pronóstico de Betty en ese momento era muy malo. Además de la esclerosis múltiple, su corazón estaba amenazado. El médico había dicho a su marido y a su hijo que no podría sobrevivir indefinidamente al severo castigo que estaba sufriendo por los constantes temblores, similares a la parálisis, inducidos por su enfermedad.

Fue un día de abril cuando su hijo, que trabajaba en el mercado de Kroger, le dijo: "Mamá, ¿por qué no vas a los servicios del North Side donde predica Kathryn Kuhlman? Cuando paso por el Carnegie Auditorium de camino al trabajo o de vuelta, veo a la gente *caminando* hacia las ambulancias en las que los han traído a los servicios. He visto a gente caminando llevando sus muletas. ¿Por qué no vas y ves lo que pasa?"

Betty contestó rápidamente: "Bueno, cariño, estoy demasiado avanzada. Todos los médicos dicen que no hay absolutamente nada que hacer".

"Escucha, mamá", le dijo su hijo con firmeza, "los he visto entrar en camilla y los he visto salir. Si esto les puede pasar a otros, te puede pasar a ti".

El muchacho insistió una y otra vez a su madre, hasta que por fin accedió a escuchar al menos las emisiones diarias, pero era más fácil decirlo que hacerlo, pues era totalmente incapaz de agarrar el mando para encender la radio.

Cada día, antes de irse a trabajar, su marido la sentaba en el sofá o en un cómodo sillón, con la radio a su lado. Pero allí se veía obligada a permanecer sin hacer nada hasta que llegaba alguien a ayudarla.

Fue un viernes por la mañana de principios de mayo cuando una amiga se detuvo unos minutos antes de que empezara la emisión.

"Betty", dijo, "escribí una petición de oración para ti, y quiero que la escuches hoy".

Encendió la radio para Betty y se sentaron juntas en el sofá, escuchando, pero el nombre de Betty no se mencionó en el programa. Al día siguiente, sábado, cuando no había emisión, otra amiga fue a ver a Betty. Estaban sentadas en el salón hablando, cuando de repente ocurrió: "Pensé que era otro de los temblores habituales", contó Betty. "Y entonces empecé a temblar tan fuerte que supe que se trataba de algo totalmente distinto. Mi amiga se asustó tanto que se fue a casa. Más tarde me dijo que creía que me estaba muriendo. Estaba asustada y empecé a arrastrarme por el pasillo. Entonces me encontré con mi cuñada, que venía a visitarme, y me llevó al salón".

"Estaba sentada allí", continuó Betty, "temblando tan fuerte que pensé que me desmoronaría, ¡pero este temblor era diferente! Mi cuñada pensó que tal vez un cigarrillo me ayudaría, así que encendió uno y me lo dio, pero no podía fumármelo. Entonces, de repente y al instante, como si alguien hubiera apagado un interruptor eléctrico, dejé de temblar".

El sobrinito de Betty, de tres años, estaba en la habitación en ese momento, y dijo: "¿Qué pasó, tía Betty, que de repente dejaste de temblar así?" Mientras él hacía la pregunta, ella sabía la respuesta: "Creo que Dios me sanó", respondió, y tenía razón.

En ese momento Betty había recibido su sanidad. A partir de ese momento, nunca más volvió a sufrir esa parálisis como tampoco el temblor. Sus brazos habían perdido instantáneamente el entumecimiento, al igual que sus piernas, e inmediatamente recuperó el pleno uso de sus manos. Sin ningún esfuerzo, se inclinó hacia delante, apagó la radio y recogió un libro que había tirado al suelo en su excitación.

Sólo en un aspecto, su sanidad no fue instantánea. "Tuve que aprender a andar de nuevo", decía, "y como un niño, tuve que aprender a subir y bajar escalones, pero eso me llevó muy poco tiempo".

Betty estaba tan emocionada por lo que había sucedido, que llamó a todos los vecinos para que la vieran, y cuando en pocos días ya caminaba por todas partes, la gente de su piso, que nunca la había visto caminar, la miraba boquiabierta.

El médico local que la había examinado apenas cuatro semanas antes de su sanidad se quedó atónito cuando ella entró en su consulta una tarde —con una coordinación perfecta— y aparentemente capaz de hacer cualquier cosa con su cuerpo, pues le anunció que ese día había limpiado su casa, lavado y planchado, ¡y había pasado dos horas haciendo ejercicio en el jardín!

La examinó a fondo, no pudo encontrar ni rastro de la esclerosis múltiple ni de la cardiopatía, y luego, informó Betty, "me hizo caminar de un lado a otro por la calle principal de Rochester, delante de su despacho".

Me miró con una expresión muy rara en la cara y luego me dijo, como ha hecho muchas veces desde entonces: "Tienes mucha suerte y deberías estar muy agradecido. Si hubieras vivido, nunca habría esperado verte fuera de una silla de ruedas.

Ninguno de nosotros ha tenido nada que ver con esto. Ha tenido que ser Dios". Betty lo sabía muy bien, y en profunda gratitud a Dios, aceptó a Jesús como su Salvador, entregándole su corazón y su vida, para usarlos a Su servicio.

No había entrado en una iglesia desde que tenía uso de razón y había fumado mucho durante veintidós años. Inmediatamente después de su sanidad, cambió por completo su forma de vida. Una de las primeras cosas que hizo fue dejar de fumar, porque, como ella misma dijo: "Nadie sabe lo que es volver a ser normal y sano hasta que no has podido utilizar tu cuerpo durante mucho tiempo. Y cuando sabes que es Dios mismo quien te ha sanado, no puedes alabarle lo suficiente ni hacer lo suficiente por Él".

Casi todo el mundo en Rochester conoce a Betty, ya que trabajó mucho tiempo allí en un restaurante popular, donde recordaba, un poco avergonzada, cómo la mayoría de los clientes habituales la llamaban "Betty Boop". Gracias a su testimonio, muchas de esas personas han sido llevadas a Cristo.

Antes de su sanidad, Betty y su marido no habían asistido a ninguna iglesia. Luego del milagro, empezaron a ir todos los domingos por la mañana a la Primera Iglesia Metodista de Rochester. Como conocían bien el poder de la oración, les encantó descubrir que el ministro de esta iglesia oraba regularmente por los enfermos, arrodillándose ante el altar e invitando a cualquier miembro de la congregación que lo deseara a acercarse a la barandilla del altar y orar en silencio por su curación espiritual o física.

Cuando los Fox llevaban unas semanas en la iglesia, el pastor fue a verlos para hablarles de su ingreso.

Como dijo Betty: "Mi marido da testimonio de mi sanidad con tanto entusiasmo como yo, y estaba deseando contárselo todo al reverendo Stump".

El reverendo Stump, firme creyente en la sanidad por la fe, se mostró muy interesado. El domingo siguiente incluyó un cuestionario en el boletín de la iglesia, que se distribuyó durante la reunión, con la petición de que fuera marcado y depositado en el alfolí de las ofrendas.

En este cuestionario, el pastor reiteraba su fe personal en la oración y la sanidad divina. Subrayando que la forma en que su iglesia oraba por los enfermos era sólo un medio de intentar cumplir el mandato de Jesús de predicar, enseñar y sanar, pidió a sus feligreses que expresaran su opinión sobre (A) el método de oración que se utilizaba entonces y (B) si deseaban que dichas oraciones continuaran formando parte del servicio regular de la iglesia. La abrumadora mayoría de los cuatrocientos fieles votó a favor de continuar con las oraciones.

Betty había tenido unos padres maravillosos y había recibido una buena educación cristiana en su juventud. Aunque se había alejado mucho de su influencia, siempre había sabido en su corazón que Dios podía sanar. Lo supo cuando su hijo le habló por primera vez de los servicios del Carnegie Auditorium.

"Pero no creí que Él *me* sanaría, porque no me creía lo bastante buena, y sabía que no había vivido bien. Pero me equivoqué. Dios, en su misericordia, *me sanó*".

Si Betty hubiera sabido más de Dios antes de ser sanada, nunca habría cometido el error inicial de pensar que Él se negaría a sanarla porque ella "no era lo suficientemente buena".

¿*Te* has preguntado alguna vez cómo es Dios en realidad? La única revelación perfecta que Dios ha hecho de sí mismo, la hizo en Jesucristo, y si lo miras a través de Jesucristo, sabrás qué clase de Dios es en realidad, porque Jesús dijo: "El que me ha visto a Mí, ha visto al Padre" (Juan 14:9).

¿Le oíste hablar al mendigo ciego Bartimeo? La muchedumbre no se fijó en el mendigo que estaba en medio de ellos, hasta que empezó a gritar: "Jesús, hijo de David, ten compasión de mí". Los discípulos le dijeron: "Cállate, mendigo", pero Jesús dijo con ternura: "Bartimeo, recibe la vista".

¡ÉSE ES DIOS!

¿Le viste compadecerse de la multitud inquieta y hambrienta, que era como ovejas sin pastor? Jesús dijo: "Tengo compasión de la multitud, porque ya hace tres días que están conmigo y no tienen qué comer: No los despediré ayunando, para que no desfallezcan en el camino". ¡ESE ES DIOS!

¿Le has visto llorar de compasión por Jerusalén? Has tenido la idea de que Dios es un Dios vengativo y que se deleita en dejar que un hombre vaya al infierno: pero no conoces a Dios si piensas eso. Mira Su gran corazón de misericordia rebosante de ternura y compasión mientras clama: "Cuántas veces quise juntar a tus hijos, como la gallina junta sus polluelos debajo del ala, y no quisisteis". ¡ASÍ ES DIOS!

¿Le oíste hablar a la pobre mujer con la mancha escarlata del pecado en su alma —la mujer que fue apresada en el acto mismo de adulterio—, la ramera arrastrada a Su presencia por sus acusadores? La multitud quería apedrearla, pero Jesús dijo: "Vete en paz y no peques más". ¡ESE ES DIOS!

Si quieres que una sola palabra caracterice a la persona de Dios, todo lo que tendrás que hacer es tomar cuatro letras y escribirlas una y otra vez desde el principio hasta el final: la palabra AMOR, Y ESO ES DIOS.

¿Vieron a la preciosa joven, su frágil cuerpecito atormentado por el dolor de la despiadada enfermedad de la esclerosis múltiple, una mujer que no había ido a la iglesia en años, que no había servido a Dios ni un solo día de su vida; tan ignorante en cuanto a las cosas espirituales que cuando el poder de Dios vino sobre su cuerpo, una cuñada, queriendo ser útil, encendió un cigarrillo y se lo puso en la boca a la sufriente mujer, pensando que detendría sus temblores? En tierna misericordia, y por Su gran compasión, el Maestro tocó ese cuerpo y lo sanó. Amigo mío, ¡ASÍ ES DIOS!

Un Dios que comprende; un Dios que conoce cada una de nuestras debilidades, cada uno de nuestros fracasos, cada uno de nuestros defectos, cada uno de nuestros pecados, y sin embargo sigue amándonos y derramando Su misericordia sobre nosotros. Nos ama, no porque seamos débiles; no por nuestros fracasos; no por nuestros pecados; sino porque somos Sus hijos. Y nos ama a cada uno de nosotros como si fuéramos sus únicos hijos.

En ese momento, Dios honró la fe sencilla, la confianza sencilla de Betty Fox, que se atrevió a extender una mano indefensa para tocar a Aquel que tiene todo el poder en el cielo y en la tierra. Cuando su fe se encontró con Dios, algo sucedió: *siempre* sucede algo cuando la fe sencilla se encuentra con Dios.

Cuando el poder de Dios atravesó el cuerpo de Betty Fox, ella estaba tan falta de conocimiento espiritual que no tenía la menor idea de que era el poder sobrenatural de Dios fluyendo a través de su cuerpo. Nunca había asistido a un servicio; nunca había visto a nadie sanado por el poder de Dios; nunca en su vida había presenciado un milagro, ni me había visto a mí. Ella lo había visto a Él, ¡y eso era suficiente!

Exactamente diez años y siete meses después de su sanidad, Betty volvió a ver a uno de sus antiguos médicos. La encontró en perfecto estado de salud, sin signos de esclerosis múltiple.

Era como si estuviera pensando en voz alta cuando le dijo: "Ninguna remisión de la esclerosis múltiple ha durado tanto tiempo, y no hay indicio alguno de que hayas padecido esa enfermedad. El buen Dios ha cuidado de ti cuando nosotros no podíamos".

¡ESO ES DIOS!

8

"SANA A MI MUJER, JESÚS"

Los Erskines

El telegrama decía: "¡Por favor ora para que no llueva mañana!"

Me he reído a carcajadas. Los telegramas suelen decir: "Por favor ora por la sanidad del cáncer o por favor ora por la sanidad de otra cosa". ¡Pero esto!

El cable había llegado el sábado, y al día siguiente era el servicio dominical en Butler. Al parecer, tenía que tocar el trono de Dios y pedirle que retuviera las nubes para que no lloviera el día del servicio. Sintiéndome en un aprieto, todo lo que pude hacer fue mirar hacia arriba y decir: "Padre Celestial, tú sabes todo sobre esto. Sea lo que sea, por favor, ocúpate de todo".

Esta es la historia de la maravillosa manera en que Dios se ocupó de todo para la familia Erskine.

Más tarde descubriría quién había enviado ese telegrama y por qué.

"Estaba desesperada", dijo Louise, la joven hija casada de James y Edith Erskine. "Mi madre estaba en el hospital muriéndose de cáncer. Las autoridades del hospital nos habían dicho a papá y a mí, seis semanas antes de que enviara el telegrama, que podíamos sacar a mamá del hospital durante unas horas, el tiempo suficiente para llevarla a uno de sus servicios en Butler, pero *sólo* si hacía buen tiempo. Si lloviera, el peligro de que se resfriara sería demasiado grande".

"Llovió durante cinco domingos seguidos", continuó Louise, "así que no pudimos traerla. Mientras tanto, mamá empeoraba y sabíamos que pronto sería demasiado tarde. Así que después de visitarla ese sábado por la tarde, me detuve en una oficina de telégrafos y te envié ese telegrama".

Louise y su padre habían removido cielo y tierra para conseguir que el hospital de Tarentum autorizara a la señora Erskine a salir de allí el tiempo suficiente para asistir a aquel servicio. La suya había sido una petición poco ortodoxa, por no decir otra cosa, y sólo gracias a la influencia del doctor Cross, que había visto a otros de sus pacientes sanados milagrosamente por el poder de Dios, se les concedió finalmente el permiso.

Durante cinco sábados por la noche consecutivos, Louise había conducido hasta el hospital para arreglar el pelo de su madre y prepararla para la reunión del día siguiente, y durante cinco domingos por la mañana James Erskine se había levantado al amanecer y se había ido a Butler, a hacer cola durante muchas horas esperando a que se abrieran las puertas del auditorio para asegurarse de tener un asiento listo para su mujer cuando Louise la trajera del hospital. Y en cada uno de esos cinco domingos había empezado a llover una hora antes de que comenzara el servicio.

Así se comprende la situación que motivó el envío de aquel telegrama.

Cuando Louise y el señor Erskine se levantaron aquel último domingo por la mañana, lo primero que hicieron fue mirar ansiosamente por la ventana. Un cielo despejado y sin nubes saludó su mirada. Estaban rebosantes de alegría: obviamente, la plegaria por un buen día había sido escuchada. Cuando James partió hacia Butler y Louise dejó su casa en Bakerstown para recoger a su madre en el hospital, sus corazones se llenaron de agradecimiento a Dios. Por fin Edith iba a ir al servicio.

Louise la trajo aquel día desde el hospital, como estaba previsto, y el Sr. Erskine la llevó de vuelta después del servicio. Acababa de llevarla sana y salva a las puertas del hospital, cuando empezó a llover a cántaros. Fue a principios de la primavera de 1951 cuando padre e hija supieron que Edith tenía cáncer de hígado.

Como el Dr. Cross lo había expresado: "Su hígado es como la vieja cortina de encaje de tu abuela. Pero haga lo que haga", advirtió el doctor, "no le diga que tiene cáncer o se rendirá inmediatamente". En realidad, lo único que podemos hacer es darle suficientes medicamentos para aliviarle el dolor. Puede que se quede o que se vaya rápidamente. No hay forma de saberlo". Su peso en ese momento era de 18 kilos, frente a los 68 que pesaba antes.

Algunas semanas antes de que Edith fuera hospitalizada, ella y Louise habían empezado a asistir a los servicios en el Carnegie Hall. "Fue allí", dijo Louise, "donde la señorita Kuhlman me enseñó el valor del ayuno, explicándome que era una expresión del fervor de las oraciones. Recuerdo un servicio en particular en el que puso a David como ejemplo. Explicó cómo él había unido sus oraciones a la humillación y la abnegación, y que en ello residía su poder: y cómo estaba tan concentrado en su devoción y deseo que no tenía apetito.

"Ahora que mamá estaba tan desesperadamente enferma", continuó Louise, "todo lo que la señorita Kuhlman me había dicho sobre el ayuno volvió a mí. Mamá no *podía* morir. Tenía tres hermanas menores que necesitaban a su madre desesperadamente, tres niñas pequeñas que necesitaban las enseñanzas de su madre, que necesitaban su amor y un hogar. Si alguna vez hubo un momento para ayunar, era ese".

Desde que se supo que su madre tenía cáncer, Louise acudía todos los viernes por la tarde al Servicio Milagroso, ayunando de sol a sol. No pensaba en sí misma cuando suplicaba ante el trono de Dios por la recuperación de su madre, sino en las tres hermanas pequeñas que tenía en casa. Se sintió conmovida cuando se enteró de que también ellas, sin saberlo, pasaban el día sin comer todos los viernes.

"Y nunca olvidaré mientras viva", dijo Louise, "la primera mañana que fui a preparar el almuerzo de papá y me pidió que no le pusiera comida en el cubo, sólo agua. Nadie sabe lo que eso significa para un minero. Sólo un hombre que ha trabajado en las minas sabe lo que es trabajar bajo tierra durante horas sin comida".

Durante cinco largos días, James Erskine tuvo que entrar en las minas de carbón de Ford Collyer sólo con agua en el cubo del almuerzo, pero ni una sola vez pensó en ello como un sacrificio. Ni una sola vez dijo que tenía hambre. Ni una sola vez salió de sus labios una palabra de queja. Creía en Dios para la sanidad de su esposa. Creía en un Dios que no podía mentir.

Fueron días duros para James. Estaba completamente solo con los tres niños pequeños en casa. Cocinaba, limpiaba, lavaba y planchaba la ropa. Llegaba a casa directamente del trabajo para ver cómo estaban, luego iba al hospital, luego volvía a casa a por la cena y luego de nuevo al hospital, donde solía quedarse hasta medianoche y a veces toda la noche.

"A menudo", decía su esposa, "abría los ojos y lo encontraba de rodillas junto a mi cama". Verle así hacía que Edith, enferma como estaba, se alegrara y alabara a Dios; ver a James así era una experiencia totalmente nueva y maravillosa.

Poco sabían los Erskine al principio lo maravillosamente que Dios les iba a guiar, como familia, paso a paso, preparándoles y esperando a que *se* preparasen para el milagro que se iba a obrar en favor de Edith.

"Papá siempre había sido un buen padre", dijo Louise, "pero distaba mucho de ser un hombre religioso. Nunca iba a la iglesia, y yo, como su hija, nunca recordaba haberle visto abrir una Biblia".

Sin duda, James Erskine había recibido formación religiosa de joven, pues su padre había sido un cristiano devoto que creía implícitamente en la sanidad divina. Pero aunque de joven había sido educado en la fe plena, hacía tiempo que había perdido el interés por todas las cosas religiosas.

El Sr. Erskine se había preguntado a menudo, cuando su hija asistía a los oficios en el Carnegie Hall, qué podía ser lo bastante apasionante como para justificar que alguien *permaneciera de pie* durante cinco horas, como ella hacía con frecuencia cuando no podía conseguir un asiento.

Un día le picó la curiosidad y decidió comprobarlo por sí mismo. Se ofreció a acompañarla.

Salieron juntos hacia el auditorio, pero al llegar a las puertas, James cambió de idea. Se negó rotundamente a entrar en el edificio. "No quería acercarme tanto a algo religioso", dijo tiempo después, sonriendo.

Irritado consigo mismo por haber hecho el viaje, pensó en volver a casa, pero luego decidió que podría esperar a Louise; así que cuando empezó el servicio, se sentó fuera, en las escaleras del auditorio.

"No podía ver a la Srta. Kuhlman, por supuesto", dijo, "pero podía oír su voz desde donde estaba sentado, y de repente la oí decir: 'El método por el que Dios transforma una vida se encuentra en Efesios 2:5, 6: *Aun cuando estábamos muertos en pecados, Dios nos dio vida juntamente con Cristo (por gracia somos salvos) y juntamente con él nos resucitó*. Vivificar significa dar vida. Si estamos muertos, necesitamos vida, y eso es lo que se da cuando una persona acepta a Cristo como su Salvador. Dios no remienda la vida vieja, ni hace ciertas reparaciones en la vida vieja; da una vida nueva, mediante el nuevo nacimiento.

Dios suple el MILAGRO de la experiencia del nuevo nacimiento. Él suple el poder, Jesús suple el perdón, ¡pero nosotros debemos suplir la *voluntad!* Dios no puede ayudar a un hombre a menos que esté dispuesto a entregarse completamente a Él: deseando ser liberado del pecado, más que cualquier otra cosa en el mundo entero. Cualquier hombre que sea totalmente honesto al orar esta sencilla oración: "*Creo que Tú eres el Hijo del Eterno Dios, y te acepto como mi Salvador*", no sólo será perdonado por Él, sino que será liberado del poder del pecado y será *vivificado* por el Espíritu Santo de Dios'".

"Había oído a mi padre decir lo mismo una y otra vez", dice James. "Era una sensación extraña. Me sentía como si fuera un niño otra vez, escuchando a mi padre hablarme de las cosas de Dios".

La influencia de un padre piadoso nunca se pierde. Sentado allí, en la escalinata del Carnegie Hall, escuchando una voz incorpórea, que de un modo curioso se convirtió para él en la voz de su padre, James Erskine revivió su juventud. Y revivió la muerte de su padre muchos años antes.

El gran desastre minero de Virginia Occidental ocurrió en 1927. Cuando la mina Everettsville de la New England Fuel and Transportation Company quedó destrozada por una tremenda explosión el 30 de abril de ese año, al principio se supuso que todos los hombres atrapados en su interior habían muerto en el acto. Sin embargo, esta teoría se desvaneció con el hallazgo de los tres últimos cadáveres, uno de los cuales era el padre de James.

En un cubo de la cena se encontraron mensajes garabateados escritos a una de las esposas de los mineros atrapados. Estos mensajes estaban escritos en un trozo de papel, tal vez el único papel que pudo encontrar en la mina. Escribió mientras la vida abandonaba lentamente sus cuerpos; las palabras salían del corazón y la mente de un moribundo:

> "20 de abril, 6:20. Querida esposa, todavía vivo pero el aire es muy malo. Oh, cómo te quiero María. Querido padre, me iré pronto. Tenemos frío y cuando llegue el

aire será malo ya que estamos en el lado de regreso. Nos encontraremos todos en el cielo. Tenemos mucho tiempo para hacer las paces con el Señor. Firmado, H. Russell"

"Pronto dejaré este mundo. Quédate en América y dale un hogar a los niños. Cásate de nuevo si te apetece, pero que Dios te bendiga a ti y a los niños. Firmado, H. Russell"

En paz con Dios, y querida María, dile a papá que me salvé. También a los Erskines. No sentimos ningún dolor. Intenta quedarte en Virginia Occidental. Cariños a los niños. Firmado: Russell"

"Vamos a ir al Cielo. Tenemos mucho tiempo para hacer las paces con el Señor. Firmado, H. R."

"Nos estamos debilitando, nuestros corazones laten rápido, adiós a todos. Firmado, H. R."

"No nos sentimos mal, sólo pensamos en nuestras familias.

-H.R."

Mil recuerdos se agolpaban en la mente de James Erskine mientras estaba sentado en la escalinata del Carnegie Hall, y sabía mejor que nadie en el mundo entero *que* no estaba preparado para encontrarse con su Dios.

Sentado en aquellos escalones del auditorio, James recordaba con conmovedora viveza las horas que su padre había pasado hablándole del amor y la misericordia de Dios. Recordaba a su padre diciéndole: "Vive de Dios, hijo, y conocerás toda tu vida la *paz que sobrepasa todo entendimiento*".

Y sobre todo recordó las oraciones que su padre había hecho para que su hijo experimentara la salvación.

En aquella misma hora de recuerdos rebosantes, suscitados por una voz que repetía verdades bíblicas casi olvidadas y en gran parte desechadas, algo le ocurrió a James. En aquella hora, las oraciones de su padre —quizá las mismas oraciones que pronunció en aquella mina antes de morir— fueron escuchadas.

Los años habían pasado, pero Dios nunca hace oídos sordos a las oraciones de un hombre sincero. Mucha agua había pasado por encima de la presa, pero Dios nunca olvida, y aquella tarde, veinticuatro años después, respondió a las oraciones de un hombre temeroso de Dios para que su hijo se salvara.

"Cuando te oí aquel día", dijo James, "de repente sentí hambre de Dios. Hacía dieciocho años que había dejado de ir a la iglesia, pero ahora quería volver. En esos años había bebido mucho, de día y de noche, y aunque siempre me las arreglaba para mantener a mi familia, gastaba muchísimo en licor, a veces hasta cuarenta dólares en un fin de semana. La bebida y todos mis otros pecados se agolpaban y, de repente, lo que más deseaba era deshacerme de todos ellos. En ese mismo momento, incliné la cabeza y le pedí a Dios que me perdonara. Sentado en aquellos escalones, entregué mi corazón y mi vida a Cristo".

Aquella noche, al volver a casa del servicio, Luisa esperó ansiosamente alguna expresión de su padre: tal vez maldiciones porque había tenido que esperar; tal vez una reprimenda porque el servicio había sido muy largo. Pero no dijo ni una palabra.

Cuando llegaron a casa, se volvió, y con toda la seriedad y sinceridad de alguien cuya vida había sido transformada por el poder de Dios, dijo: "Fue como si hubiera escuchado a mi padre hablar de nuevo esta noche. Todo lo que dijo la Srta. Kuhlman fue exactamente lo que él me enseñó. Le he pedido a Dios que perdone mis pecados, y he aceptado a Jesús como mi Salvador".

Una semana después, con lágrimas de alegría corriéndole por la cara, Louise iba a decir: "Tenemos un nuevo padre. Ahora llego a casa y en vez de verle con un vaso de licor en la mano, le encuentro leyendo la Biblia".

Aquí no hubo regateo por parte de James. No había dicho: "Sana a mi mujer, Jesús, y creeré". Él creyó *primero*. Su alma fue salvada mientras su esposa yacía moribunda, porque hasta donde él sabía, ella no había sido sanada en el servicio del mayordomo.

La salvación de James fue el primer milagro que se produjo en la familia Erskine: el segundo no tardaría en llegar.

"El miércoles por la noche", relató Louise, "papá había llevado una pequeña radio al hospital para que mamá pudiera escuchar la emisión de la señorita Kuhlman a la mañana siguiente, sintiendo que haría mucho por fortalecer su fe y darle la esperanza que necesitaba". Cuando el señor Erskine abandonó el hospital aquella noche, sólo *esperaba* que Edith pudiera recibir la emisión al día siguiente. La pobre y vieja radio era tan anticuada e impotente que la mayoría de las veces sólo emitía crujidos y chasquidos, pero él la había dejado en la habitación de Edith por si acaso. Tal vez también ella experimentara una conversión.

"La señorita Kuhlman no tenía la menor idea de lo que estaba pasando", dijo Louise. "Habíamos enviado una petición de oración por mamá varios días antes, y he aquí que aquel jueves por la mañana la leyó en la radio y oró por 'la señora Erskine que se está muriendo de cáncer en el hospital de Tarentum'".

Louise, que escuchaba en su casa de Bakerstown, estaba aterrorizada ante la posibilidad de que su madre hubiera oído su nombre por el aire y se enterara así por primera vez de la naturaleza de su enfermedad. Corrió al hospital, temerosa del estado emocional en que podría encontrar a Edith.

Por primera vez, la pequeña radio sonó sin chisporrotear y la transmisión fue clara como una campana. Su madre había oído cada palabra.

Cuando Louise entró, la enferma dijo: "He oído la emisión y sé lo de la mujer que se está muriendo de cáncer de hígado", y entonces se echó a llorar y dijo: "No tengo miedo a morir; sólo que no dejen que los niños de casa se separen nunca. Eso es lo único que me preocupa". Cerró los ojos y no dijo nada más. Al día siguiente, a la hora de la emisión, Louise estaba con su madre, arrodillada junto a la cama mientras escuchaban juntas. "Oí decir a la señorita Kuhlman: 'Me siento impulsada a orar de nuevo por la mujer del Hospital de Tarentum muriendo de cáncer de hígado'". Y de repente ocurrió.

"En mitad de la oración", relataba Louise, "la energía se apoderó de mamá y no pude sujetarla en la cama, tan violentamente temblaba y lloraba. Vino corriendo una enfermera y empezaron a administrarle hipodérmicas. No sabían lo que le pasaba, pero yo sí lo sabía. Estaba bajo el poder.

A partir de ese momento, Edith empezó a recuperarse. El dolor desapareció, empezó a comer con voracidad e inmediatamente empezó a ganar peso, hasta un kilo y medio al día. Los médicos, francamente incrédulos ante este aumento de peso registrado por las enfermeras, procedieron a pesarla ellos mismos cada día.

Salió del hospital sana y salva en cuestión de días.

Cuando fue hospitalizada por primera vez, antes de que su estado se volviera tan desesperadamente crítico, el Dr. Cross había sugerido a la familia la posibilidad de llevarla a la Clínica Lahey de Boston. Allí, si lo consideraban oportuno, podrían operarla con la esperanza de prolongar su vida. Se habían hecho los preparativos, pero cuando el estado de Edith se agravó tanto, el viaje a Boston y la posible intervención quirúrgica quedaron obviamente descartados.

EL PODER DE LA ORACIÓN

La bebé de la Sra. Fischer

Nunca estaba previsto que el servicio comenzara antes de las siete de la tarde. Pero todas las tardes, a las cuatro en punto, podía verse a una niña de unos doce años, de pie en medio de la gran multitud que se agolpaba en el exterior del Carnegie Auditorium. Al igual que los cientos de personas entre las que se encontraba, esta niña esperaba el momento en que se abrieran las puertas, y en el momento de su apertura, invariablemente corría frenéticamente en busca de un asiento. Allí permanecería durante tres horas, sin levantarse de su asiento ni un solo momento. Su único movimiento era girar de vez en cuando la cabeza para observar las puertas de la sala.

A las siete en punto, una mujer entraba con un bebé en brazos, siempre con la cabeza tapada, pero la cubierta no podía ocultar del todo su horrible deformidad: el pequeño sufría la trágica aflicción de la hidrocefalia (agua en el cerebro).

En cuanto veía a la mujer y al bebé entrar por la puerta, la niña de doce años se levantaba y saludaba. La mujer, al ver la pequeña mano de su hija que le hacía señas, se abrió paso entre la multitud hasta el pasillo en el que estaba sentada. La niña cedía entonces su asiento a su madre y a su hermanita. Ella permanecía de pie durante las tres horas que duraba la reunión.

No fue hasta meses más tarde cuando descubrí que la niña de doce años, Helen Fischer, era la hija mayor de una familia de siete niñas. Helen venía directamente del colegio al auditorio, sin haber comido nada, mientras su madre estaba en casa preparando la cena para el resto de la familia.

Helen sabía que su madre nunca conseguiría un asiento en el auditorio, con la enorme multitud que siempre asiste, si esperaba hasta después de la cena para venir; y no era cuestión de que su madre estuviera de pie durante todas esas horas con un bebé pesado en brazos. Por lo tanto, Helen cooperaba llegando horas antes para asegurarle un asiento a su madre.

En realidad, era mucho más que una mera cooperación por su parte. Era, en un sentido muy real, una ofrenda de sí misma hecha en el Nombre de Jesús, por la sanidad de su hermanita.

Creo sinceramente que esta joven fue la clave de la extraordinaria sanidad que vendría después.

Los Fischer ya tenían seis hijas cuando llegó Baby Billie, pero todas habían sido deseadas, y el nacimiento de cada una había sido motivo de tanta alegría como si hubiera sido la primera. La pequeña Billie no era una excepción; la séptima hija y, tal vez, también la última, pero su llegada produjo tanta alegría como el nacimiento de Helen doce años antes.

Sin embargo, pronto se hizo evidente que algo iba terriblemente mal con el nuevo bebé, y sólo una madre puede conocer la agonía de la madre Fischer cuando le dijeron que su nuevo bebé era víctima de una hidrocefalia congénita. Helen le ofrecía un sonajero, pero ninguna manita lo agarraba. Le ponía delante un juguete de colores brillantes, pero no reaccionaba. Entraba o salía de una habitación, pero la cabeza del bebé nunca se giraba para seguir sus movimientos. Nunca daba muestras de reconocer nada ni a nadie.

Cuando la bebé tenía diez meses, la Sra. Fischer se vio obligada, con inexpresable dolor, a afrontar el hecho de que su bebé no podía ver y era deficiente en todos los sentidos. No podía sentarse, ni sostener su propio biberón, ni darse la vuelta.

"La pusiéramos como la pusiéramos en la cuna", decía la Sra. Fischer, "así se quedaba". La cabeza de la bebé tenía forma globular y era 22 centímetros más grande que la cabeza de tamaño normal de un niño de la misma edad; y su cara era desproporcionadamente pequeña. Sus ojos estaban completamente ocultos en sus cuencas y vueltos hacia arriba. En palabras de la madre: "Su cabeza era tan enorme que parecía un tejado, y sus ojos estaban claramente hacia atrás en su cabeza".

En ese momento se llevó a la pequeña Billie a un eminente especialista cerebral de Pittsburgh para que la examinara. Le practicaron una punción y se confirmó el diagnóstico original de hidrocefalia. El médico declaró que la única esperanza para la bebé residía en una operación cerebral. La operación se programó para el martes siguiente por la tarde. El día anterior, la Sra. Fischer llevó a la bebé al hospital. La volvieron a pinchar y le afeitaron la cabecita de la pelusa que tenía en lugar de pelo, en preparación para la operación.

"Fue unas semanas antes", recoredaba la madre, "que había empezado a escuchar las emisiones de la señorita Kuhlman. Cuando llevé a Billie al neurocirujano, ya había asistido a dos de sus servicios, así que sabía de qué iba su ministerio".

Antes de llevar a Billie al hospital a primera hora de la mañana de aquel lunes, la señora Fischer había enviado una petición de oración. "En la emisión del martes por la mañana", dijo la señora Fischer, "la señorita Kuhlman leyó esta petición y oró por mi bebé a través de la radio".

"El martes por la tarde fui al hospital para estar allí cuando operaran a Billie. El médico me recibió y me dijo: 'Le ha pasado algo a su bebé. No vamos a operarla hoy. Probablemente lo haremos el viernes, así que déjela aquí y ya veremos'".

El viernes por la tarde tampoco hubo operación, y así pasaron cinco semanas: cada semana una operación era programada provisionalmente, y cada semana la operación era aplazada.

Cinco semanas más tarde, la Sra. Fischer iba a traer a su bebé a casa desde el hospital: su cabeza había disminuido de tamaño unos quince centímetros, pero seguía siendo monstruosamente grande. Los médicos habían dicho: "Esperemos un poco más. Si esta disminución de tamaño continúa, la cirugía no será necesaria".

Pero antes de que la Sra. Fischer se llevara el bebé a casa, los médicos le habían dado la que quizá fuera la noticia más demoledora que había recibido hasta entonces sobre su hija. A partir de las pruebas realizadas en el hospital, le habían diagnosticado un mal que ninguna técnica médica podría corregir: su hija era, y seguiría siendo en opinión de los médicos, una discapacitada mental sin remedio.

La instaron a hacer los arreglos necesarios para enviar a la niña a la Polk State School, una institución para niños discapacitados mentales. Pero la reacción instantánea de la madre fue de rebelión. Tenía seis hijas sanas, normales e inusualmente atractivas, pero como parece inevitable en tales circunstancias, esta niña pequeña, ciega, deforme y mentalmente discapacitada era, de todos sus hijos, la más cercana a su corazón. No *podía* —no quería— enviar a la niña a una institución, y permaneció impermeable a la advertencia del médico de que tener a una niña así en una casa llena de niños "normales" podría muy bien tener un efecto negativo en *ellos*.

"Sentí que tenía que arriesgarme", dijo la Sra. Fischer. "Lo único que pude decirle al médico fue: 'No. Nunca podré separarla de mí. La quiero demasiado. Y si ella no es consciente de nada más en todo este mundo, de alguna manera debe *sentir* este amor. Mientras Dios me dé fuerzas para cuidar de ella, lo haré'".

Fue entonces cuando la Sra. Fischer decidió llevar a la bebé a todos los servicios del Carnegie Hall, orando con todo su corazón y toda su alma para que la mano sanadora de Jesús tocara a esta bebé indefensa y defectuosa, y lo hiciera por completo y de forma perfecta, como debe ser.

Pero al buscar la sanidad de su hija, no podía abandonar a las demás. Así que se planteó el problema de cómo podría asistir a los servicios y al mismo tiempo cuidar del resto de su familia en casa. Le comentó el asunto a su hija mayor, y ésta se ofreció inmediatamente para ir desde la escuela y ocupar el asiento de su madre. No sólo eso, sino que anunció a su madre que. "Yo también voy a ayunar contigo".

Y así, semana tras semana, seguían este procedimiento: la hermana pequeña ocupaba el asiento en el auditorio, mientras su madre daba de comer a su familia en casa, luego se vestía rápidamente con su pequeña Billie y emprendía el largo viaje en tranvía hasta el Carnegie Hall.

Después de cada servicio, la cabeza de la niña parecía disminuir un poco de tamaño y, al cabo de las primeras semanas, todos en la familia empezaron a detectar cambios, no sólo en su aspecto físico, sino en sus *reacciones* físicas.

Empezó a intentar tomar el biberón. Al principio parecía sentir un impulso apenas perceptible de mover las manos hacia el biberón y luego, una mañana memorable, extendió las manos hacia él, las rodeó y se lo llevó a la boca sin ayuda.

Un día, su madre la acostó en la cuna para la siesta de la tarde. La señora Fischer *estaba segura de que había acostado a* la niña boca arriba, pero cuando unos momentos después entró en la habitación para coger algo que se le había olvidado, echó un vistazo a la cuna y vio que la pequeña Billie estaba tumbada *boca abajo*.

Al principio la madre pensó que se había equivocado, que tal vez, después de todo, había dejado a la bebé boca abajo cuando salió de la habitación. Sin embargo, le dio la vuelta suavemente sin despertarla. Cuando fue a recogerla después de la siesta, la encontró de nuevo boca abajo, así que ya lo sabía. No se había equivocado, Billie podía darse la vuelta sola.

A medida que pasaban las semanas y la cabeza de Billie seguía reduciéndose gradualmente, sus ojos ya no estaban enterrados en sus órbitas; ya no aparecían oscurecidos por la cabeza, antes enorme y protuberante, y ya no giraban hacia arriba. Quizá el día más emocionante de todos fue en el que Billie miró a su madre con reconocimiento en los ojos, ¡y le sonrió!

Nunca, ni por un momento, la pequeña Helen había dudado de que su hermanita sería curada por Jesús: y nadie, ni siquiera la madre del bebé, estaba más emocionada que su hermana de doce años al ver que la condición de la pequeña Billie se sanaba lenta pero seguramente a través del poder de Dios.

La pequeña Helen nunca se impacientó; ni una sola vez refunfuñó por dejar todas sus actividades extraescolares para poder ir temprano al servicio; ni una sola vez insinuó siquiera que tenía hambre durante sus ayunos de un día probablemente porque, como David, su deseo era tan intenso que no sentía necesidad de comer.

Esperar tres horas *antes de* cada servicio para guardar un asiento para su madre; estar de pie tres horas *durante* cada servicio, ayudando a su madre con la pequeña Billie —llevando el biberón de su hermanita al servicio de señoras para calentarlo si el bebé tenía hambre— era el tipo de fe activa honrada por Dios. Dios no hizo oídos sordos a los actos de fe de una niña de doce años.

El mayor poder que Dios ha dado a los hombres y mujeres es el poder de la oración, pero recuerda siempre que Dios ha establecido la ley de la oración y la fe. La oración es consciente de la necesidad, mientras que la fe la suple.

La oración nunca obtiene nada de Dios a menos que la fe esté presente; y de nuevo, la fe nunca recibe nada de Dios a menos que la oración haga una petición. La oración y la fe trabajan armoniosamente juntas; ambas son necesarias en sus distintas funciones, pero son muy diferentes en su naturaleza. La oración es la voz del alma, mientras que la fe es la mano. Sólo a través de la oración puede el alma establecer comunión con su Creador, y sólo a través de la fe se obtienen las victorias espirituales.

La oración llama a la puerta de la gracia, mientras que la fe la abre. La oración se pone en contacto con Dios, mientras que la fe obtiene una audiencia. La oración hace una petición, mientras que la fe se abre paso a través de las multitudes para tocar el borde de Su manto, y recibe de Su mano dadora. La oración cita la promesa, mientras que la fe proclama audazmente el cumplimiento de esa promesa. Dios escuchó las oraciones de la madre y actuó en respuesta a su fe.

Nadie más que Dios conocía la fe perfecta que había en el corazón de esta niña, y Él la honró. Unos meses más tarde, la Sra. Fischer llevó a su bebé al pediatra del Hospital General de Allegheny. Estaba asombrado por el cambio de aspecto de la niña, y más aún después de haberla examinado y haberla encontrado aparentemente perfecta. Llamó al neurocirujano que la había atendido antes y a otros ocho médicos que conocían el caso. También ellos la examinaron, y todos quedaron igualmente sorprendidos al encontrar a la niña perfectamente normal en todos los aspectos. Se oyó decir al neurocirujano: "Esto es mérito del hombre de arriba".

Esta niña, cuya cabeza era casi el doble de grande de lo normal, tan drásticamente deformada; esta niña, cuyos ojos estaban tan escondidos en sus órbitas que nadie sabía siquiera de qué color eran —si marrones o azules—; esta niña, que estaba tan discapacitada físicamente que no podía darse la vuelta y mucho menos caminar; esta niña, cuyas pruebas mentales revelaron una discapacidad mental incurable, creció sana y fuerte.

"Es la más lista de todas mis hijas", decía su orgullosa y agradecida madre: "Una alumna sobresaliente en el colegio".

Y era tan guapa como inteligente. Su vista era perfecta, al igual que su mente, su cuerpo y su coordinación.

Todos los niños de la familia Fischer mantuvieron una estrecha relación unos con otros, pero la relación de esta niña con su hermana mayor fue de una cercanía especial y extraordinaria.

Como dijo la Sra. Fischer: "Dios las ha acercado un poco más entre ellas que a nadie".

Dios honró la fe de una niña de doce años. Él tocó, en Su misericordia, a la bebé discapacitada que era su hermana, y la sanó en todos los aspectos para que pudiera vivir y trabajar para Su gloria.

"He aquí que yo soy el Señor, el Dios de toda carne; ¿hay algo demasiado difícil para Mí?" (Jeremías 32:27).

La respuesta es ¡NO! En el corazón de tu fe —en el corazón de nuestra fe— hay una persona; la persona de Jesucristo, el mismísimo Hijo del Dios viviente. Suyo es el Reino, y el poder; *todo el* poder; el único límite a su poder está dentro de ti como individuo. Suyo es todo el poder Y SUYA SERÁ TODA LA GLORIA.

"JESÚS LO PUEDE TODO"

"Rosa"

Este es el único capítulo del libro en el que se utilizó un nombre ficticio. A medida que siga leyendo, comprenderá la extrema delicadeza de la situación que lo hizo necesario. La mujer implicada era miembro de una conocida familia, que llegó a ocupar una buena posición con posibilidades ilimitadas, y no era la idea avergonzar a su familia ni poner en peligro su reputación y su memoria.

La adicción a los estupefacientes es una trágica aflicción que me ha preocupado profundamente durante mucho tiempo. Cuando recibí una serie de tres conmovedoras cartas escritas por una adolescente en su nombre y en el de su "pandilla", decidí que era de vital importancia incluir el testimonio de Rosa. Creí que así ayudaría a muchos que se encontraban en la misma situación que este grupo de adolescentes, a muchos que, como ellos, buscaban desesperadamente librarse del hábito de la droga.

Las cartas a las que me refiero fueron escritas en sábados sucesivos, y me llegaron exactamente el mismo día durante tres semanas seguidas. Todas iban firmadas con una "X", porque como decía el remitente: "Mi madre y mi padre son personas prominentes. No saben que me drogo y no puedo deshonrarlos. Así que ya ves por qué no puedo firmar con mi nombre".

La primera carta empezaba así: "He querido escribirle durante mucho tiempo, pero vivo con miedo de todo el mundo. Pero ahora, Srta. Kuhlman, necesito ayuda, así que decidí que ya que Dios le permitió a usted ayudar a tanta gente, tal vez yo también pueda recibir ayuda".

La escritora era una chica de dieciocho años que se metió en la pandilla equivocada; y por "pandilla equivocada" deja claro que no se refiere, como ella decía, a "un grupo de chicos de los barrios bajos". Todos sus amigos procedían de buenos hogares y, como ella misma decía: "Todos teníamos buenas madres y buenos padres. No era culpa *de ellos que nos* droguemos".

Todo había empezado como un deseo de divertirse, pero al final del año, estos adolescentes se encontraron "enganchados". Ya no había ningún elemento de diversión en su situación: era una cruda tragedia. Al darse cuenta de lo que había ocurrido, hicieron enormes esfuerzos por abandonar el hábito, pero estaba demasiado arraigado; estaban irremediablemente esclavizados.

La chica que escribió la carta dijo que sin darse cuenta sintonizó la emisión. Le tocó la fibra sensible, y sintió por primera vez en su joven vida la realidad del amor y la compasión de Jesús. Apenas se atrevía a albergar esperanzas, pero tal *vez* Él, en Su misericordia, pudiera ayudarla *a ella* y a sus amigos.

Durante una semana, escuchó la radio a escondidas en su casa, con el volumen muy bajo y la puerta bien cerrada, porque no quería que sus padres se enteraran.

Durante esos siete días, su esperanza de liberación creció cada día y empezó a pensar que si Dios podía sanar a un enfermo de cáncer o a un alcohólico, también podía sanar a un drogadicto. Le daba vergüenza y era reacia a decir a sus amigos que estaba escuchando un programa religioso, pero un día en que estaban todos juntos hablando de su terrible problema, les dijo: "Escuchen, chicos: tal como yo lo veo, sólo tenemos una esperanza, y es Dios".

Ante su cara de sorpresa, les habló de las emisiones diarias y todos empezaron a escucharlas, a veces juntos y a veces solos en sus habitaciones.

"Oro", escribió X, "pero creo que no sé orar bien. Ojalá pudiéramos acudir a ti y que oraras por nosotros". "Queremos tanto venir a los servicios", continuó, "pero tenemos miedo. Tenemos miedo de la policía. Si nos detuvieran, deshonrarían a nuestros padres. *No podemos* dejar que se enteren de que nos drogamos. Les rompería el corazón".

Se me rompió el corazón al seguir leyendo:

"Sé que eres de Dios, y creo y confío en todo lo que dices. Pero supongo que eso no significa mucho para ti viniendo de una drogadicta, ¿verdad, Srta. Kuhlman? Pero algún día, pronto, ya no seré una adicta".

Terminó pidiéndome que no leyera su carta por radio.

"Tengo mucho miedo", dijo, "pero escucharé su programa todos los días. Por favor, oren por todos nosotros".

Oré por ellos el jueves siguiente, y en su siguiente carta (una semana después) me dio las gracias.

"Quiero que sepas cuánto me ayudaron tus oraciones", dijo. "El viernes pasado oré como nos dijiste, y le pedí a Jesús que me perdonara y entrara en mi corazón".

"Creo que lo hizo", continuaba la carta, "pero sigo sin poder dejar de tomar esta droga. Por favor, créame cuando le digo que lo he intentado con todas mis fuerzas, pero sigo sin poder parar. No la quiero, pero tengo que tomarla. Tengo *mucho* miedo, pero no sé qué hacer". X estaba muy preocupada por su madre y su padre.

Los amaba profundamente y sabía que estaba llegando al punto en que tendría que decírselo.

"Mamá ya sabe que algo va mal", escribió. "Pero aún no sabe qué es".

Su cumpleaños era el jueves siguiente y me pidió que ese día se cantara *It Took a Miracle en* radio. "Es el regalo de cumpleaños que más quiero", me dijo.

Su carta terminaba con estas palabras:

"Sé que estás orando por mí, y por favor *no pares*".

Y *yo* oraba por ella, y por todos ellos, desde el fondo de mi corazón.

Luego llegó la que iba a ser la última carta, en la que me decía que se mudaba con su familia a otro estado.

"No te escribiré más", me dijo, "pero recuerda que te escucharé todos los días. Tu transmisión es todo por lo que vivo, aunque nunca te he visto. Si me hubiera atrevido a venir a un servicio".

Y entonces hizo la pregunta que ha dado lugar a este capítulo: "¿Alguna vez alguien ha sido verdaderamente liberado de la droga en sus reuniones?"

En respuesta a su pregunta, presento la historia de Rosa tal y como ocurrió en realidad. Lo único que no es real es su nombre.

Era un Servicio Milagroso, un viernes por la tarde, cuando de repente me di cuenta de que una joven caminaba desde el fondo del auditorio por el pasillo principal, al principio lentamente y luego, tras alcanzar cierta distancia, casi corría.

Sin esperar el incidente, me quedé mirando a la joven, preguntándome qué iba a hacer y la causa de su acción.

Cuando llegó a los escalones que conducen al estrado, en lugar de subirlos, se detuvo justo delante del primer escalón y se arrodilló. Parecía no darse cuenta de que había alguien más en el auditorio y ni siquiera se percató de mi presencia. Se cubrió la cara con las manos y empezó a sollozar hasta que todo su cuerpo se estremeció de emoción: las lágrimas le corrían por los brazos y caían sobre los escalones. Mientras viva, nunca olvidaré este espectáculo, porque si alguna vez he visto un alma arrepentida, si alguna vez he sido testigo de verdadera sinceridad, si alguna vez he visto *desesperación, ha* sido en ese momento.

Caminé lentamente hasta donde ella estaba arrodillada, y nos arrodillamos juntas. En aquel momento sentí que cualquier palabra que yo dijera sería superflua, pues ella ya había entrado en contacto con Dios. Con ternura, le pasé el brazo por el hombro y le dije en voz baja: "¿Qué quieres que Jesús haga por ti?". Mi pregunta fue respondida con una sola palabra: "¡Idiota!" No dijo nada más.

Las dos éramos totalmente inconscientes de que había alguien más cerca de nosotros, y en ese momento fue como si el propio Jesús se hiciera tan real que todo lo que necesitábamos hacer era alargar la mano y tocarle. Y entonces, en voz baja, le dije: "Tú y yo sabemos que Jesús puede hacer *cualquier cosa*", y ella respondió. "Por eso estoy aquí".

Continuando, dije: "Oraré una oración sencilla, y tú lo haces después de mí, y cuando digas estas palabras, tómalas en serio con todo tu corazón".

"Querido Jesús, confieso que soy pecadora", y repitió las palabras después de mí.

"Me arrojo a tu misericordia, ¡ayúdame, por favor! Me entrego a ti por completo, quítame este deseo de drogarme, sácamelo de raíz". Cada vez repetía la frase con firmeza, con claridad y con una entrega a Dios que no podía confundirse. Cuando terminó las últimas palabras de esta sencilla oración, había dejado de llorar; ya no había sollozos; no había emoción: la transacción se había completado y ambas lo sabíamos.

Eso era absolutamente todo lo que cualquiera que estuviera cerca podía haber visto u oído. Pero había tenido lugar una transacción de la que fue testigo todo el cielo, y creo que hasta los mismos ángeles presenciaron aquella escena, porque había ocurrido la mayor transacción que un ser humano puede experimentar jamás. La misma cosa por la que Jesús murió había tenido lugar en el cuerpo y en la vida de aquella joven:

había sido liberada no sólo del pecado, sino del mismo *poder* del pecado.

Estoy bastante segura de que toda esta experiencia no duró más de cinco minutos, y con el rímel embadurnado en el rostro, se quedó con cara de ángel. Rápida y espontáneamente, me reí y le dije: "Pareces otra persona", y ella respondió con la misma espontaneidad: "*¡Soy otra persona!*"

Con seguridad, con confianza, con el conocimiento del perdón de los pecados, y con un sentido completo de su liberación, me quedé mirándola mientras de nuevo caminaba por el pasillo principal y subía a su asiento en el balcón, desde donde había venido.

Continuamos con el Servicio Milagroso. Poco sabía yo de la historia que se escondía tras aquella maravillosa experiencia: poco sabía yo que allí arrodillada en aquel momento se encontraba una joven que había estado en todos los hospitales de Pittsburgh con excepción de uno. Y no sólo había estado en cada uno de esos hospitales varias veces, sino que también había sido internada en el Hospital Estatal de Mayview, cerca de Pittsburgh, donde había recibido tratamiento durante casi un año.

Los diez largos años de su adicción fueron una pesadilla. *Quería* dejarlo, pero era impotente, incluso con toda la ayuda médica que había recibido. Cada vez que iba al hospital, entraba con la plena comprensión del médico respecto a su adicción a las drogas, y Dios sabe que la profesión médica hizo todo lo humanamente posible para cooperar y ayudar.

Todo había empezado tan inocentemente con un simple resfriado que había durado demasiado. Un amigo que la oyó toser le dijo: "Tengo algo que te quitará la tos enseguida".

Le entregó un frasquito de medicina. Y ése fue el principio.

El "algo", cargado con un narcótico, aliviaba la tos y relajaba sus nervios, así que conseguía más del amigo. Cuando terminó, Rosa se encontró irrevocablemente "enganchada". Durante los diez años siguientes sería una drogadicta.

Rosa, una mujer joven y soltera, perdió pronto el excelente puesto que ocupaba debido a su "nerviosismo" y a su falta de fiabilidad. Al principio de su adicción, intentó trabajar, ya que necesitaba el dinero para comprar las drogas, pero aunque consiguió varios trabajos, sólo pudo mantenerlos durante unas pocas semanas. Finalmente, abandonó el intento y se aisló por completo de la realidad, pasando buena parte del tiempo encerrada en su habitación.

Rosa, tanto si trabajaba como si no, se las arreglaba para conseguir dinero, como hacen todos los adictos, para los narcóticos, y como todos los adictos, pronto llegó al punto de no detenerse ante nada para conseguirlos, a menudo robando dinero del bolso de un familiar mientras dormía.

Su médico la ingresó en una institución en dos ocasiones distintas, pero como no se trataba de un compromiso formal de su familia, era libre de marcharse cuando quisiera, y lo hizo al cabo de unos días cada vez. Debido al estatus de la familia y a sus contactos, en ningún momento fue ingresada formalmente en estas instituciones.

Mientras tanto, su estado seguía empeorando en todos los sentidos. No podía comer y había perdido más de diez kilos. Se había retirado del mundo casi por completo, negándose a relacionarse incluso con miembros de su propia familia, que, conscientes de lo que le ocurría, trataban de protegerla.

Finalmente, por consejo urgente de su médico, se hicieron planes para internarla por tercera vez. Esta ocasión, sin embargo, sería internada formalmente por su familia y no se le permitiría salir hasta que hubiera recibido el tratamiento completo.

Los papeles estaban debidamente redactados, y sólo esperaban la firma de los médicos, que debía conseguirse el sábado por la mañana. En ese momento sería internada inmediatamente.

La tarde anterior al compromiso programado, acudió al servicio, sabiendo muy bien que Dios era su última esperanza

—el único rayo de esperanza que le quedaba— antes de su compromiso formal por adicción a los narcóticos. Esa era la razón por la que estaba tan desesperada: era virtualmente un asunto de vida o muerte para ella cuando caminaba por el pasillo del auditorio y se arrodillaba en el último escalón; esa era la razón por la que era completamente indiferente a la multitud, porque Jesús era su única esperanza, y si Él le fallaba, no le quedaba nada.

Dios vio lo que ningún ser humano podía ver: la sinceridad, la voluntad, la entrega, el deseo, con cada átomo de su ser clamando a Él por ayuda y liberación.

"Como un padre se compadece de sus hijos, así el Señor se compadece de los que le temen".

El médico parecía perplejo, y entonces preguntó: "¿Quiere decir que no tiene síntomas de abstinencia? *¿Nada?*"

"¡Está pasando algo raro en ese auditorio! Tengo un paciente que había sido un alcohólico malo durante años, y fue liberado instantáneamente de la misma manera. Supongo que todo se reduce", continuó, "a que Dios puede hacer cualquier cosa".

Cuando el médico de la institución fue informado de lo sucedido, se quedó atónito. "Es lo más maravilloso que he oído en mi vida", dijo. Y luego añadió siniestramente: "Pero ella volverá". Pero Rosa jamás "volvió". Desde aquél entonces, tuvo libre acceso a los estupefacientes en un hospital local durante el tiempo que estuvo empleada allí: no le interesaban ni remotamente, y mucho menos le tentaban.

Fue un momento de extrema emoción y profunda gratificación, cuando recibí una carta de un senador estatal, viejo y querido amigo de la familia de Rosa, pues la carta era de lo más inesperada. Decía en parte: "Como muestra de agradecimiento a Él, por la milagrosa sanidad de Rosa, ¿podría aceptar esta Biblia sobre la que juré mi cargo?"

EL AMOR, LA MAYOR FUERZA DEL MUNDO

Mary Schmidt

"¿Pueden creer que hace unos días esta mujer tenía un bocio tan grande que amenazaba con estrangularla?", pregunté a la congregación. A mi lado estaba Mary Schmidt, que llevaba más de treinta y cinco años padeciendo un bocio extremadamente grande en el cuello. Era tan grande que le sobrepasaba la barbilla, dándole un aspecto extremadamente grotesco.

Poco después de la muerte de su marido, Mary Schmidt asistió a su primer servicio religioso. Sin duda, necesitaba urgentemente la sanidad de su cuerpo, pero tenía una necesidad mucho mayor: la sanidad de su espíritu destrozado y de su corazón roto. Ninguna parte de su cuerpo estaba libre de los efectos de su enorme bocio, y menos aún sus nervios, que llevaban mucho tiempo en muy mal estado debido a su aflicción.

Su marido había muerto repentinamente de forma accidental, y esta conmoción nerviosa, además de emocional, amenazaba con ser demasiado. Físicamente enferma, abatida, tan nerviosa que estaba a punto de perder la razón, sentía que no podía enfrentarse a la vida solitaria, enferma y sin propósito que le esperaba. Llegó un momento en que sólo veía una salida a un futuro que le parecía intolerable: el suicidio.

Sin embargo, luchó contra el impulso de quitarse la vida. Educada en la iglesia, sabía de corazón que la autodestrucción era un pecado grave y tal vez imperdonable. Sin embargo, el miedo que la poseía, el miedo que sentía a la vida y a todo lo que le deparaba, parecía más de lo que podía afrontar. Una y otra vez se repetía el pensamiento de que sólo la muerte podía liberarla. Se había vuelto temerosa de *todo*. Tan temerosa estaba por la noche, que cada vez que oscurecía un vecino o un amigo se sentaba con ella durante horas tratando de calmarla.

Una noche de noviembre, mientras se paseaba por el suelo, angustiada, asustada y desesperada, recordó las palabras de una vecina: "¿Por qué no vas a los servicios del Carnegie Auditorium?", le había dicho. "Allí encontrarás ayuda, lo sé. Me sané de la polio, pero más que eso, encontré al Señor".

La primera vez que Mary oyó aquellas palabras, no le sonaron a nada. Ella iba regularmente a su propia iglesia; ¿por qué ir a un servicio religioso en el lado norte?

Pero ahora, se preguntaba, "*tenía que* encontrar ayuda en alguna parte". *Tenía* que tener ayuda, algo a lo que aferrarse, o sabía que no podría seguir adelante.

La mañana siguiente la encontró en un tranvía de camino al Carnegie Hall.

Cuando se bajó del coche frente al auditorio, se quedó sorprendida y un poco perpleja por el tamaño de la enorme multitud allí reunida esperando a que se abrieran las puertas. Se preguntó, pero subió las escaleras para unirse a ellos. Y dijo: "Pensé que nunca llegaría arriba. Me sentía como si estuviera escalando una alta montaña. Me dolían mucho las piernas; me costaba mucho respirar y mi corazón estaba muy mal. Cuando llegué a lo alto de aquellos escalones, me latía con tanta fuerza y me faltaba tanto el aliento, que pensé que me desplomaría antes de poder entrar en las puertas que justo entonces se abrieron".

Estaba asombrada y turbada por lo que veía. Acostumbrada a un culto ortodoxo, nunca había oído hablar del "poder de Dios", y mucho menos verlo en acción. Y al ver cómo una persona tras otra era alcanzada por ese poder, se quedó boquiabierta, sin saber qué pensar de todo aquello.

Y entonces ocurrió algo peculiar. Mientras observaba, de pie en el fondo de la sala, sintió que algo la atravesaba desde lo alto de la cabeza hasta la planta de los pies. Era como una especie de escalofrío.

"Ya estoy harta de este sitio", pensó para sí, "y ya tengo bastantes problemas como para tener escalofríos aquí". Miró para ver si estaba junto a una ventana que pudiera estar abierta, pero no había ninguna ventana cerca de ella. La puerta junto a la que estaba parecía bien cerrada, pero se apartó de ella, pensando que tal vez una corriente de aire le estaba dando frío. Se alejó, pero el escalofrío continuaba, un escalofrío difícil de describir porque nunca antes lo había sentido.

Como ella dijo tiempo después, "por supuesto que esto era el poder de Dios tocándome, pero yo era tan ignorante entonces de las cosas espirituales, que no tenía idea de lo que era en ese momento".

Entonces escuchó su primer sermón sobre la salvación.

"Nunca había oído hablar de algo así", dijo Mary, "aunque había ido a la iglesia con regularidad. Cuando la señorita Kuhlman habló de 'nacer de nuevo', tampoco lo entendí. Pensé que sin duda estaba en el lugar equivocado para mí, pero ya que estaba allí, decidí quedarme hasta el final".

"Y entonces", continuó Mary, "la señorita Kuhlman dijo que nos arrodilláramos y nos arrepintiéramos. Yo no sabía cómo orar así, y no sabía qué decir, pero pensé para mí misma que al menos podría llorar, y nadie me vería".

Mary se arrodilló y le salieron las palabras, sencillas, cortas y del corazón: "Oh, Jesús, perdóname", oró.

Y cuando se levantó de sus rodillas, había experimentado su primer milagro de la misericordia de Dios, pues en ese instante supo que había perdido todo temor para siempre.

Cuando volvió a casa esa noche, una vecina se acercó como de costumbre para sentarse con ella.

"Gracias", sonrió Mary, "pero ya no tengo miedo. No necesito que nadie me ayude. He encontrado mi ayuda esta tarde".

Esa noche la durmió completa por primera vez en muchas semanas, calentita y segura. A la mañana siguiente, desayunó abundantemente disfrutando de cada bocado, y todo se mantuvo, también por primera vez en muchas semanas.

La razón de todo el aprieto emocional de Mary, su total desesperanza, su completa desesperación, su abrumador desaliento, puede expresarse acertadamente en una frase, por cierto la suya propia: "Iba a la iglesia, pero aún sabía muy poco de la Biblia; sabía del Señor, pero no *lo conocía*".

Ella había empezado a conocerle muy bien en aquel primer servicio.

Mary tomó su Biblia en ese momento y la leyó una y otra vez.

"La llevaba al auditorio cada vez que iba", dijo, "y cuando la señorita Kuhlman predicaba, marcaba los capítulos que mencionaba, y cuando llegaba a casa los estudiaba, ¡y apenas podía esperar para ir al siguiente servicio!"

Mary tenía bocio desde hacía treinta y seis años. En aquel momento medía dieciséis centímetros y medio de ancho. Le faltaba tanto el aire que no podía subir la más pequeña pendiente sin detenerse cada metro para recuperar el aliento. Todo su cuerpo estaba afectado por el bocio. No sólo le dolía mucho el corazón, sino también los brazos y las piernas.

Ella y su marido se habían gastado una pequeña fortuna en facturas médicas, esperando contra toda esperanza que algún médico en algún lugar pudiera ayudarla, pero no hubo ayuda posible. El tumor estaba tan profundamente arraigado y enquistado en sus glándulas que operarlo y extirparlo le habría costado la vida.

Inmediatamente después de la muerte de su marido, había acudido a su médico y le había suplicado que le extirpara el tumor: entonces no le importaba si vivía o moría. Su médico, por supuesto, se negó a considerar la cirugía, sabiendo que significaría su muerte segura.

A medida que aumentaba su conocimiento de Jesús, María se preguntaba cómo había podido vivir tanto tiempo sin Él y cómo había podido pensar en quitarse la vida, en destruir gratuitamente lo que Él le había dado. Al principio de su despertar espiritual, su propósito en la vida pudo haber sido sólo ir al próximo servicio. Pero al poco tiempo, era servir a Dios con todo su corazón y toda su vida.

Cuando asistió a su primer servicio religioso, no sabía nada de la curación física obrada por Dios. Al acudir aquel primer día, su único pensamiento era encontrar ayuda espiritual. Pero ahora, al ver a tantas personas maravillosamente sanadas, creció su fe en que ella también podía y sería sanada.

Mary estuvo por varios meses asistiendo a los servicios religiosos y, aunque espiritualmente había mejorado mucho, su estado físico parecía empeorar constantemente. Su dificultad para respirar había aumentado hasta el punto de que apenas podía caminar, ni siquiera sobre una superficie plana. Cada vez le resultaba más difícil tragar y su alimentación ya estaba muy restringida. Sabía que si Dios no la sanaba, sin duda moriría de bocio, como antes lo habían hecho su madre y su tía.

Un jueves de mayo de 1949, Mary acudió como de costumbre al auditorio. Había pasado una noche particularmente mala y sin dormir, luchando por respirar toda la noche. Ese día llevó al auditorio una petición de oración.

El servicio estaba a punto de terminar cuando sintió un terrible dolor en la parte superior de la cabeza y, al mismo tiempo, sintió que algo tiraba de su cuello.

Instintivamente se llevó la mano a la garganta. *No había rastro del bocio.*

"Oh, Señor", dijo, con lágrimas de alegría y gratitud cayendo por su rostro, "¿es *realmente* cierto?"

Lo era.

Siguió palpándose el cuello y volvió corriendo (¡ya sin aliento!) al salón de señoras para mirarse en el espejo. Apenas conocía a la mujer que veía reflejada allí; durante treinta y seis años había visto un cuello enorme y deforme, y ahora era normal y torneado.

Como dijo Mary en aquél momento: "Durante los tres días siguientes no pude dormir ni comer, estaba tan emocionada... No tenía sueño; no tenía hambre; todo lo que podía hacer era seguir palpándome el cuello, y mirándome en el espejo, y dando gracias al Señor".

Cuando Mary volvió a ver a su médico, éste se quedó estupefacto. "¿Qué ha pasado?", exclamó.

"¿Crees en la oración?", dijo Mary.

"Desde luego que sí", fue su respuesta. Y Mary le contó lo sucedido.

La examinó detenidamente y la encontró en perfecto estado de salud; la afección cardiaca que tanto le había preocupado, había desaparecido por completo junto con el bocio.

Este mismo médico iba a pedir muchas veces que oraran por ella. Luego de todos esos años de sufrimiento, Mary Schmidt fue una mujer físicamente sana, que trabajaba cinco días a la semana. Como ella decía: "Puedo respirar; puedo dormir; puedo hacer cualquier cantidad de trabajo y nunca tener ningún mal efecto".

Pero lo más importante es que Mary es una mujer espiritualmente transformada. No sólo sabía *de* Jesús, sino que *lo conocía*.

Hay en estos despliegues del poder divino una ternura y una dulzura divinas más impresionantes que el propio elemento milagroso, que revelan la simpatía y el amor divinos y, de hecho, la autoridad divina.

El mundo nos quiere hacer creer que el mayor poder conocido por el hombre es la fuerza; ¡el Señor ha demostrado que la mayor fuerza del mundo es el amor!

"¡SEÑOR, AQUÍ VENGO!"

Bill Conneway

Le habían dado por muerto. La bala lo había atravesado por completo.

Era mucho antes del amanecer y hacía un frío glacial en esa mañana de diciembre de 1944 cuando la patrulla se puso en marcha. Eran siete en el grupo, dirigido por Bill Conneway, de diecinueve años, y su misión consistía en destruir camiones y cañones antes de que fueran alcanzados por el enemigo, debido a una repentina irrupción.

Misión cumplida, y aún no había amanecido, los hombres emprendieron el viaje de regreso. Cuando estuvieron a varios cientos de metros de su propia línea, tres del grupo se adelantaron actuando como exploradores para ver si el camino estaba despejado. Lo estaba, por lo que podían ver, e hicieron señas a los demás para que siguieran. Bill y sus tres compañeros acababan de empezar a cruzar el campo cuando ocurrió. De la nada salió una lluvia de balas.

Una se abrió paso a través de las caderas de Bill, desgarrando cartílagos, nervios y músculos, mientras atravesaba su cuerpo desde el lado derecho por donde había entrado hasta el izquierdo por donde finalmente salió. El impacto de la bala le hizo girar enloquecidamente y le arrojó con fuerza al suelo.

Cuando volvió en sí, descubrió que otro miembro de la patrulla yacía a su lado, con las dos piernas heridas de bala. Bill le habló en voz baja, pero no obtuvo respuesta. Levantó la voz y volvió a hablar, y entonces vio que el chico estaba muerto.

Bill yacía paralizado, helado y con un dolor atroz. Su herida, del tamaño de un dólar de plata, sangraba mucho y sabía que si no podía contener la hemorragia, moriría desangrado antes de que llegara la ayuda, si es que *llegaba*.

Al estar de patrulla, Bill llevaba paquetes de primeros auxilios que incluían sulfamidas. Con un esfuerzo casi sobrehumano, consiguió abrirlos y poner uno a cada lado de la herida "más o menos embutido", como él decía, "para detener el flujo de sangre."

Hora tras hora, su compañero muerto a su lado, yacía allí. No se oía ningún ruido ni había señales de ningún ser vivo. A medida que avanzaba el día, Bill oraba como nunca antes lo había hecho. "Esperaba morir allí", decía, "y todo lo que había hecho en mi vida se me vino encima". Y hubo tiempo de sobra para vivir su vida en retrospectiva, porque iba a estar allí tumbado todo ese día, toda esa noche y parte del día siguiente: horas interminables que parecían mil años atormentados por el dolor y el miedo.

Allí tendido sobre la hierba quebradiza por el hielo, desesperadamente herido, Bill casi había perdido toda esperanza, cuando de repente oyó el sonido de voces que se acercaban. Se animó y empezó a gritar, pero las palabras se le quedaron en la garganta, porque a medida que las voces se acercaban, reconoció las sílabas guturales de sus dueños. No eran americanos, sino alemanes.

Lo primero que supo fue que un pesado cuerpo estaba tendido sobre su cara, amenazando con asfixiarle. El líder alemán había tropezado con el joven jefe de patrulla estadounidense, oculto como estaba en la hierba alta.

En el momento en que Bill reconoció las voces alemanas, prácticamente abandonó la esperanza de ser rescatado, pues sabía que los alemanes no tomaban prisioneros en ese momento. Se preparó para lo inevitable. Esperaba que le disparasen allí mismo.

El sargento alemán se levantó, miró fijamente a Bill y llamó a los demás de su grupo. Discutieron a gritos durante varios minutos. Bill no entendía alemán, pero de vez en cuando captaba alguna palabra y, como él dijo, "era obvio que algunos de los hombres pensaban que no debían recogerme".

Después de lo que pareció un tiempo interminable, pero que no pudieron ser más de cinco minutos, el sargento, que tenía más rango que los demás de su grupo, les hizo callar. Para sorpresa y alegría de Bill, dio una orden autoritaria de no disparar, sino de recoger a Bill.

Los hombres, por supuesto, no tenían litera, así que uno de ellos agarró a Bill por las piernas, y otro por los hombros, y lo llevaron de vuelta a un edificio escolar donde había unos cuantos soldados británicos y otros tres o cuatro estadounidenses.

No se prestó ningún tipo de ayuda médica al soldado malherido. "No creo que tuvieran ninguna para darnos", dijo Bill tiempo después.

Luego lo metieron en un vagón y lo llevaron a un campo de prisioneros alemán.

Del 21 de diciembre a finales de mayo, fue trasladado de un campo de prisioneros a otro. Durante esos cinco meses no recibió ningún tipo de medicación. Nunca había más de un pozo para tres mil hombres, por lo que el agua se racionaba estrictamente: un cuarto de galón al día. Bill sólo bebía lo suficiente para mantenerse con vida; el resto lo utilizaba para lavarse la herida. Milagrosamente no se produjo ninguna infección y, aunque la herida no cicatrizó, drenó todo el tiempo.

Los médicos dirían más tarde que fue este proceso de drenaje lo que le salvó la vida.

Cuando llovía, los hombres tenían agua suficiente para lavarse, pero durante cinco meses no se afeitaron. "De vez en cuando", cuenta Bill, "nos cortábamos el pelo unos a otros con una piedra afilada o con cualquier trozo de hojalata que encontrábamos por ahí. Tomábamos el pelo de un compañero, lo levantábamos con las manos y se lo cortábamos. Nos quedábamos calvos por arriba, pero con el pelo alrededor de las orejas tan largo como siempre".

Cuando los rusos liberaron a los aliados retenidos en campos de prisioneros alemanes, Bill fue enviado a un campo ruso donde la situación seguía siendo notablemente la misma.

"Habrían estado encantados de hacer más por nosotros", dijo Bill, "pero ellos mismos no recibieron nada".

Su ración diaria de comida seguía siendo la misma que bajo la tutela de los alemanes. Su alimentación consistía en un vaso de agua lleno de sopa de nabo cada veinticuatro horas. Los hombres complementaban su dieta de sopa aguada con hierba y corteza de árboles, y como decía Bill: "Nos alegrábamos de conseguir estas cosas".

El 55% de los hombres murieron de enfermedad e inanición durante esos meses, pero Bill, terriblemente herido y sin tratamiento médico, consiguió sobrevivir.

La Batalla de las Ardenas se cobró cuarenta mil vidas estadounidenses antes de que los alemanes fueran derrotados. Parece evidente que había un propósito divino en salvar la de Bill. Como él decía tiempo más tarde: "Sin duda, Dios estuvo conmigo todo el tiempo".

Cuando regresó a Estados Unidos más muerto que vivo, Bill pesaba poco más de 40 kilos en lugar de los 82 normales para su contextura. Fue trasladado directamente al hospital Newton D. Baker de Martinsburg, Virginia Occidental, donde permaneció tres meses.

Ya no estaba paralizado, pues su estado sólo había durado sesenta días, y aunque sufría dolores continuos, podía andar, hecho que asombró a sus médicos. "No sé cómo es posible", dijo uno de ellos tras examinar las radiografías que mostraban el recorrido de la bala.

Tras salir del hospital, Bill había intentado volver a trabajar en su oficio de albañil —casado en 1943, tenía una esposa a la que mantener—, pero los efectos de su herida se hicieron más y más pronunciados a medida que pasaba el tiempo.

Desde el principio, había sido incapaz de hacer un ciclo completo con las piernas. Caminaba rígido, arrastrando una pierna, en un esfuerzo por aliviarse del dolor constante. Como él mismo decía, "no había estado ni un día sin él desde 1944". Había estado entrando y saliendo de hospitales varias veces, pero no se podía hacer nada por él. Y entonces apareció la artritis en las piernas y la columna vertebral, y el dolor se agravó, sobre todo en la espalda. Estaba casi desesperado. Por el momento, además de su esposa Thelma, tenía que cuidar de su pequeña hija Susan, y se encontraba prácticamente incapacitado para trabajar. Sentarse, tumbarse, estar de pie, todo le causaba un dolor agonizante en la columna vertebral.

En 1955 fue hospitalizado de nuevo, y en ese momento le dijeron que, además de la artritis, tenía una hernia discal. Le recomendaron una operación para aliviar el dolor. Pero se trataba de una operación delicada y, teniendo en cuenta el resto de su estado, Bill no tenía ninguna garantía de que mejoraría sustancialmente después de la operación. En aquel momento no estaba dispuesto a arriesgarse a una operación cuyo resultado, en su caso, era claramente impredecible.

Bill pensó que si mejoraba la artrosis de su espalda y piernas, el dolor podría disminuir hasta el punto de poder realizar al menos una cantidad limitada de trabajo, por lo que se fue a Arizona para una breve estancia, esperando que el clima cálido y seco hiciera efecto.

Cuando regresó a su casa de Elizabeth, Pennsylvania, pareció mejorar durante un tiempo. Pero la albañilería es un trabajo agotador, y él se había esforzado demasiado desde el principio. En junio de 1956, "toda mi espalda pareció venirse abajo", dijo. Incluso levantar los brazos le causaba un dolor intenso, y no podía doblar ni torcer el cuerpo en absoluto. Llevaba muchos meses sin poder conducir un coche, pero ahora ni siquiera podía subirse a uno a menos que fuera a gatas. No podía agachar la cabeza lo suficiente para entrar por la puerta.

No podía sostenerse en pie sobre la pierna derecha, ni permanecer en posición erguida más de unos minutos seguidos sin tener que tumbarse. No podía dormir en una cama, a pesar de la tabla que había utilizado durante doce años para hacer firme el colchón. Ahora tenía que tumbarse en el suelo. Sentarse en una silla era, por supuesto, absolutamente imposible.

En julio fue trasladado al Hospital de Veteranos de Clarksburg (Virginia Occidental), donde permaneció en decúbito dorsal durante cinco semanas. Al cabo de ese tiempo, le dijeron que, aunque no había garantías de éxito, no había más remedio que operarlo. Bill estaba dispuesto a probar *cualquier cosa que* pudiera aliviar el dolor y permitirle volver a trabajar.

Se le concedió, a petición suya, un permiso de treinta días antes de la operación programada para que pudiera ocuparse de sus asuntos en casa antes de la intervención quirúrgica.

Antes de salir del hospital, le pusieron un corsé y los médicos le dijeron que no se lo quitara bajo ningún concepto. Su cuerpo estaba desalineado unos cinco centímetros y, sin ese soporte rígido, se caía de lado como si su columna vertebral no existiera. Además, le ordenaron que permaneciera tumbado en casa la mayor parte del tiempo y que no caminara más de unos minutos cada vez. Sobre todo, se le advirtió que no se acercara a los coches. En estas condiciones volvió a casa para quedarse antes de que se realizara la operación de fusión.

Su esposa, como es natural, llevaba mucho tiempo muy angustiada y preocupada por el estado de su marido.

Había escuchado a menudo las emisiones y asistido a varios servicios. Thelma, una mujer de gran fe, estaba convencida de que Dios podía sanar a Bill. Pero Bill "simplemente no creía en esas cosas", y ella no podía conseguir que escuchara ni siquiera una emisión, y mucho menos que asistiera a un servicio. Fue el 9 de septiembre de 1956, una semana antes de que terminara su permiso de treinta días en el hospital, cuando un amigo de Bill pasó por allí, un amigo que había asistido a muchos servicios y sabía mucho sobre la oración y el poder de Dios para sanar.

Fue antes del amanecer del domingo por la mañana cuando pasó por casa de los Conneway. Obviamente, no se trataba de una visita social a esas horas de la mañana. Había sido hecha con un solo propósito en mente: llevar a Bill, si quería o no ir al servicio ese día en el Auditorio Stambaugh en Youngstown, Ohio.

Era muy temprano por la mañana, sin duda, pero Bill no estaba dormido porque *no podía* dormir del dolor. Estaba tumbado, sin apenas poder moverse, en el suelo del salón. Al era un amigo íntimo, y cuando entró, Bill se alegró de verle, pero definitivamente *no* le agradaba la idea de ir al servicio.

"Siempre había orado", dijo Bill, "pero no era muy cristiano y no tenía ninguna fe en que me sanaría. Sólo pensaba en las tres horas y media de viaje hasta Youngstown. Ya sufría bastante sin tener que hacer *eso*".

Sin embargo, la insistencia de su amigo —su fe absoluta en el poder de Dios para curar— acabó por convencer a Bill, que se preparó para ir, aunque de mala gana.

Thelma, enferma en aquel momento, no les acompañó, por mucho que lo deseara. Ella y su hija Susan, de diez años, se quedaron en casa, y ambas acordaron ayunar y orar durante todo el día.

El viaje fue tan malo como Bill había previsto. Estar sentado tanto tiempo era casi insoportablemente doloroso. Llegaron al auditorio dos horas antes de que se abrieran las puertas para poder lograr sitio. Esperaron en el coche, lo que supuso otras dos horas de aguda incomodidad. Durante la mayor parte de este tiempo, Bill se quedó mirando los empinados escalones que conducían al auditorio, preguntándose cómo y si algún día podría subirlos.

Cuando se abrieron las puertas, Al ayudó a levantar a su amigo del coche. Con su ayuda, Bill subió despacio los escalones que tanto temía.

Encontraron dos asientos en la séptima fila, y el siguiente problema de Bill fue cómo iba a conseguir sentarse durante las cuatro horas de servicio.

"Fue en mitad del servicio", cuenta Bill, "cuando empecé a sentir ardor por todo el cuerpo, como si me estuviera quemando. Y luego sentí violentas náuseas".

Bill no sabía lo que le había pasado, pero su amigo sí. Al le miró y vio que la energía recorría su cuerpo. "¿Ha desaparecido el dolor?", le preguntó, sonriendo, unos minutos después.

Bill pareció sobresaltado y, con la cara blanca como el papel, se limitó a asentir.

"Vamos", dijo Al, "vamos al baño de hombres a quitarte el corsé". Bill dudó, respiró hondo y, junto con su amigo, caminó sin dolor, por primera vez en doce años. Estaba atónito por lo que había ocurrido, pero definitivamente aprensivo y dudoso ante la idea de quitarse el corsé en vista de la advertencia del médico de no quitárselo bajo ninguna circunstancia.

No obstante, avergonzado y fortalecido a la vez por la fe sin reservas de su amigo, se sentó en una silla y, mientras se desabrochaba el corsé, se dijo: "Señor, me hunda o nade, allá voy".

Se quitó el corsé y Bill no se cayó hacia un lado como había hecho antes. *Ahora* no había duda de que tenía una columna vertebral, porque se sentó recto como un bastón. Y se *sentó*, sin ningún vestigio de dolor o incomodidad. Se había obrado el milagro.

Caminó a paso ligero de vuelta al auditorio, y le observé mientras se acercaba a mí, con el rostro radiante. Levantó los brazos. Corrió por el pasillo. Dobló y torció el cuerpo en todas las posiciones imaginables. Subió y bajó los peldaños de la plataforma, sin ningún signo de dolor. Se paró sobre su pierna derecha, que unos minutos antes no soportaba peso alguno, y esta pierna soportó perfectamente el peso de todo su cuerpo.

Había sido perfecta e instantáneamente sanado por el poder de Dios. Bill Conneway, que en retrospectiva decía: "No fue *mi* fe. Fue la tremenda fe de mi amigo, y de mi esposa y mi hijita en casa ayunando y orando, y de toda la gente en el auditorio cada uno orando por todos los demás".

"Esto me ha hecho darme cuenta", dijo Bill con una sabiduría recién encontrada, "de que cada uno de nosotros tiene una gran responsabilidad para con los demás, ya que las personas que nos rodean son a menudo más responsables que nosotros mismos de lo que nos ocurre". Bill no pudo esperar a llegar a casa para contárselo a su mujer: la llamó a larga distancia desde Youngstown. Cuando ella oyó su voz, su primera pregunta fue: "¿Lo has recibido?". Y él respondió: "¡Sí, *desde luego!*".

"Cuando me lo dijo", contó Thelma, "Susan y yo empezamos a llorar, y no parábamos de llorar de alegría".

Apenas podían esperar a que el coche llegara a casa y, por fin, se detuvo en la entrada. Bill salió rápidamente, entró en el salón y se sentó en el *escabel.*

"Y", sonreía Thelma, "estuvo hablando toda la tarde, ¡y no es muy hablador!"

Los vecinos dijeron que no había dejado de hablar desde entonces.

A Bill le quedaba una semana de permiso antes de volver al hospital, pero no para someterse a una operación de hernia discal, sino sólo para salir. Durante esa semana llevó una vida perfectamente normal, lavando el coche, conduciéndolo, cortando el césped y haciendo innumerables tareas domésticas.

Entró en el Hospital de Veteranos el 16 de septiembre, llevando su aparato ortopédico. Cuando su médico empezó a reñirle porque no la llevaba, Bill le interrumpió: "Mire, doctor", le dijo, "no lo necesito".

El médico, incrédulo, le examinó detenidamente y le dijo: "¡Caramba, tienes razón! No te pasa nada en absoluto. Vete a casa".

Una semana después, Bill Conneway tenía un trabajo de albañil a tiempo completo, y así ha seguido durante años.

Desde su sanidad fue examinado por médicos de seguros que afirmaron que se encontraba en perfectas condiciones físicas. Varios años después concertó una cita con uno de los mejores neurólogos de Pittsburgh, que no lo conocía ni sabía nada de su historia y nunca lo había visto antes. Este médico le dio el visto bueno, y entonces Bill le contó la historia de su anterior enfermedad y su milagrosa sanidad. El neurólogo se limitó a sacudir la cabeza y decir: "El Médico que te atendió sin duda sabía lo que hacía".

Seis años después, Bill Conneway dijo: "Sabes, todo en mí cambió cuando Dios me sanó, excepto mi nombre. Sólo desearía no haber tardado treinta y un años en descubrir lo que Dios puede hacer".

Lo que le ocurrió a Bill aquel domingo de 1956 fue mucho más importante que la mera sanidad de su cuerpo, que fue y es siempre secundaria a la sanidad espiritual, mucho mayor. No puede pasar el poder de Dios por tu cuerpo sin que te cambie como individuo, sin que te haga algo por dentro. Y éste es, con mucho, el mayor milagro.

"Voy a vivir para Él a partir de ahora", dijo Bill inmediatamente después de su sanidad, y ha cumplido su promesa.

No escatimó tiempo ni energía para dar testimonio del poder de Dios, y durante toda su vida fue un testimonio totalmente convincente en todos los aspectos.

Asistió a la iglesia regularmente con su mujer y su hija, y su casa fue un verdadero hogar cristiano, en el que todos los miembros estaban llenos de amor por el Señor.

Bill sabía que tanto su cuerpo como su alma pertenecían a Dios. También sabía que la conversión era algo más que dejar que Jesús entre en su corazón. Era darle no sólo el corazón, sino también el cuerpo como sacrificio vivo.

"¡QUIERO VER A JESÚS!"

Amelia

La niña, de cuatro años, acababa de llegar a casa del Servicio Milagroso. Al entrar en su hogar, se acercó entusiasmada al cuadro de la Última Cena.

"Es Él, abuela", exclamó señalando la figura de pie en el cuadro. "¡Es Jesús! Hoy lo he visto en casa de la señorita Kuhlman".

Aquella tarde, su abuela había llevado a la niña a la iglesia, una de las pocas veces que la habían sacado en público en muchas semanas, de tan espantoso que era su aspecto.

Unos ocho meses antes, la pequeña Amelia se había despertado una mañana con lo que parecían ser manchas de sarpullido húmedo en brazos y piernas. Antes de que acabara la semana, tenía todo el cuerpo cubierto de llagas.

El primer médico que la atendió le diagnosticó eczema. Le recetó un tratamiento, pero su estado siguió empeorando.

Con el paso de los días, las llagas empezaron a sangrar mucho y tuvieron que cubrirle todo el cuerpo con paños. El agua no podía tocarla y la limpiaban con aceite, con la mayor delicadeza posible. Sus brazos estaban envueltos en vendas y, al no poder doblarlos, colgaban rectos a los lados de la niña. Como dice su abuela: "Tenía toda la piel agrietada. No paraba de supurar sangre y pus, sufría dolores continuos y era una tortura que le cambiaran las vendas. Gritaba si alguien se le acercaba".

Le resultaba imposible peinarse, pues tenía el cuero cabelludo cubierto de llagas. No tenía cejas y sus párpados estaban carcomidos por las llagas. Las orejas se le estaban pudriendo, y una de ellas parecía literalmente desprenderse, tan devorada estaba por la enfermedad.

En las primeras fases de su enfermedad había podido jugar con otros niños, pero ahora su aspecto les repugnaba y no sólo la rehuían, sino que sus padres no les permitían visitarla.

Antes de que su cara y su cabeza quedaran tan destrozadas, su madre había intentado llevarla en tranvía, pero incluso entonces nadie quería sentarse a su lado, y eran reacios a utilizar los asientos contiguos a ella. A pesar de su juventud, Amelia era patéticamente consciente del horror que provocaba en los demás. No sabía por qué la gente la miraba fijamente y luego se volvía con una expresión en los ojos que no comprendía. Se sentía muy desgraciada. A menudo lloraba y le decía a su madre: "¿Por qué no le gusto a nadie?", hasta que llegó un momento en que prácticamente nunca la sacaban de casa. Mientras podía, jugaba en su propio hogar.

Cuando su madre la dejaba ayudar en las tareas domésticas para mantenerla ocupada, se sentía complacida y orgullosa. Pero incluso esto tuvo que dejar de hacerlo, ya que a la niña cada vez le dolía más moverse y le resultaba imposible doblar los brazos.

Se consultó a un médico tras otro. No se ponían de acuerdo en el diagnóstico, pero coincidían en un punto: fuera cual fuese la enfermedad, era la peor dolencia cutánea que habían encontrado en su práctica de la medicina.

Finalmente, uno de los médicos del caso sugirió a la familia que llevaran a Amelia a la clínica oncológica. Su abuela le había dicho aquel día: "Rezar también ayuda", y el médico había asentido.

Fue entonces, mientras esperaba una cita en la clínica, cuando la abuela dio voz a un deseo que sentía desde hacía tiempo: pidió permiso a la madre de la niña para llevar a Amelia a uno de los servicios de la señorita Kuhlman.

La abuela, devota católica romana como toda la familia, se había interesado por el ministerio de Kuhlman a través de las emisiones de radio. Ella misma había asistido a varios servicios en los que se sintió muy ayudada.

La madre de Amelia no sólo concedió permiso para llevarse a la niña, sino que accedió a orar en casa durante las horas del servicio del día siguiente.

Amelia se había criado en un hogar religioso, y era una niña de fe sencilla y completa en Nuestro Señor y en su capacidad de hacer milagros. Aquella tarde acudió a la reunión como los fieles acuden a Lourdes, confiada y expectante de ser sanada para que no le doliera más y pudiera volver a jugar con sus amiguitos. Ella quería volver a ir a los sitios con su madre y montar en tranvía y que la gente sonriera y quisiera sentarse a su lado y no se diera la vuelta con expresiones raras en la cara. Pero sobre todo, como le confió a su abuela: "Quiero ver a Jesús".

"Cuando le pedí a mi hijo que nos llevara al servicio", me contó la abuela más tarde, "se mostró reticente. No es posible que la lleves entre una multitud de gente, con el aspecto que tiene", dijo. Pero yo le contesté: 'Claro que puedo, para eso está este sitio. No les importará'".

Pero el tío de Amelia no estaba tan seguro. Les esperó fuera por si acaso.

Una vez dentro del auditorio, incluso la abuela trató de cubrir la cabeza de la niña lo mejor que pudo con su abrigo para que los que la vieran no se asustaran, ya que, como ella recuerda, "su piel estaba tan agrietada que se podía poner un alfiler en cada grieta. El poco pelo que le quedaba en la cabeza estaba pegado al cuero cabelludo y las orejas le colgaban como si se le fueran a caer".

Amelia y su abuela tomaron asiento aquella tarde en la parte trasera del auditorio, ambas totalmente desconocidas para mí.

Durante el canto, hacia el final del servicio, Amelia empujó a su abuela: "Mira, abuela", exclamó en voz alta, "¡veo a Jesús ahí arriba!".

"¿Dónde?", susurró su abuela.

Las cabezas se giraron en el auditorio cuando la niña dijo: "¡Allí arriba! ¡Al lado de la señorita Kuhlman! Mírenlo: Jesús ahí arriba. Y miren: tiene las manos extendidas".

Su abuela miró a Amelia y luego volvió a mirarla, y su corazón empezó a latir con fuerza. Las llagas de la cara de la niña estaban completamente secas. No se veía sangre ni pus por ninguna parte. Su corazón rebosaba alegría y agradecimiento.

Cuando salieron del auditorio, el tío de Amelia les estaba esperando. Echó un vistazo a la niña y casi se desmaya.

"Cuando llegamos a casa", contó la abuela, "no veía la hora de contarle a todo el mundo lo que había pasado. Lo primero que contó fue que había visto a Jesús. Su familia vio que se le habían secado las llagas. Su padre echó un vistazo y exclamó: "¡Un milagro!"

"No dije nada a nadie, sólo quería asegurarme de que todo estaba bien antes de decir nada al respecto".

A la semana siguiente, Amelia fue llevada de nuevo al auditorio. En mitad del servicio, las costras que le cubrían la cara, la cabeza y el cuerpo empezaron a caerse. "Se desprendieron de ella como si cayera nieve", dijo su abuela, "y me sentí avergonzada, porque cayeron sobre la ropa de una señora. Pero sobre todo estaba agradecida, y todo el tiempo alababa al Señor".

Así fue como Amelia sanó completa y permanentemente. Estaba agradecida a Jesús desde el fondo de su corazoncito, pero no se sorprendió en absoluto, porque había sabido desde el principio que Él podía hacer el milagro y que lo haría.

La piel de la niña estaba impecable. No había ni rastro de llagas, ni de costras, ni de cicatrices. En poco tiempo, su pelo lavado y peinado formaba un halo dorado alrededor de su radiante carita. Tenía las cejas pobladas y bien marcadas, los párpados y las orejas totalmente recuperados. Mil personas vieron el estado de esta niña y fueron testigos de su curación, que los médicos calificaron de milagro.

El caso de Amelia me ha conmovido tanto como cualquier otra cosa que haya ocurrido en este ministerio, y no sólo por la curación física, de las que he visto tantas igualmente notables, sino por su fe incuestionable, su certeza inquebrantable de la realidad de la visión que había tenido de Jesús y la tenacidad con la que se aferró, durante los años siguientes desde su curación, a su historia original.

Al principio, los amigos y vecinos, aunque no podían negar la sanidad, acusaban a la niña de inventar la historia o acusaban a la abuela de meterle la idea en la cabeza.

En un primer momento, su madre y su padre estaban convencidos de que todo había sido producto de la imaginación desbordante de una niña. Hablaron largo y tendido con ella y la interrogaron minuciosamente, pero nada de lo que le dijeron pudo hacerles cambiar su insistencia en que, efectivamente, había visto al Señor.

Continuó yendo a menudo a los servicios y, de vez en cuando, yo también la interrogaba de cerca.

"¿Viste *realmente* a Jesús?", volví a preguntar tiempo después a la radiante y encantadora niña.

La respuesta fue clara y firme: "Sí". "¿Y dónde estaba Jesús?" "¡Estaba de pie a tu lado!" "¿Qué aspecto tenía?" volví a preguntar.

"Como la imagen del Sagrado Corazón, y tenía los brazos extendidos", dijo.

"¿Estás *segura* de que lo viste?"

Con el rostro radiante, respondió: "¡Oh, *sí*, es lo más real de toda mi vida!".

"¿Cuánto tiempo estuvo allí?"

"Por lo menos cinco o diez minutos", fue su respuesta, "mucho después de que el canto hubiera cesado y tú hubieras terminado su oración". Sonrió entonces, mientras decía: "¡Oh, señorita Kuhlman, nunca lo olvidaré mientras viva!"

Está claro que la experiencia de esta niña no fue una imaginación, una alucinación o un delirio, sino una visión real. A una pequeña niña de cuatro años, llena de fe, que deseaba más que nada en el mundo ver a su Salvador, Jesús se le había revelado.

A quienes persisten en creer que fue *mi* fe la responsable de algún modo de los milagros que ocurrían bajo este ministerio, y que *mis* oraciones tenían más peso que las oraciones de otros, les ofrezco el caso de Amelia como uno más entre muchos, en refutación de esta noción totalmente errónea.

Señalo que en el momento de la sanidad de esta niña, yo no sabía que ella estaba en el servicio, y por lo tanto no ofrecí una oración especial por ella. No la vi hasta *después de que* había recibido su sanidad, cuando oí una voz que decía: "¡Mira abuela, veo a Jesús ahí arriba!" Fue entonces cuando recorrí rápidamente con la mirada el auditorio para determinar de dónde procedía aquella pequeña pero penetrante voz, y finalmente vi, en brazos de una mujer, a una niña que gesticulaba en mi dirección.

Fue a través de las oraciones de esta niña, *no* las mías, que el poder de Dios fue liberado. Y fue en respuesta a la simple fe de una pequeña niña, *no mía,* que Jesús puso Su mano sobre su pequeño cuerpo. Oré con todo lo que había dentro de mí, para que nadie viera jamás a Kathryn Kuhlman en este ministerio, sino sólo el Espíritu Santo.

Querido Dios, danos la fe sencilla que conocen los niños pequeños: la fe de creer en la persona viva y en el poder de Jesús; la fe de buscar milagros en esta tierra. Porque si llevamos esta fe sencilla como un manto a nuestro alrededor, seremos bendecidos como lo son los niños, y entonces no sólo sabremos SOBRE LA VIDA: ¡sabremos CÓMO VIVIR LA VIDA!

"VE Y CUENTA ESTA HISTORIA"

Elizabeth Gethin

"Vine como escéptica". Esas palabras de verdad y confesión salieron de los labios de una mujer muy conocida en los círculos sociales y médicos, e igualmente conocida en aquellos tiempos en la Conferencia de Pittsburgh de la Iglesia Metodista, pues la señora Gethin era Secretaria de Vida Espiritual de la Sociedad Femenina de Servicio Cristiano.

Elizabeth Gethin estudió en la Universidad de Pennsylvania, en Filadelfia, y en la Universidad de Alabama, en Tuscaloosa. También fue enfermera titulada por la Western Pennsylvania School of Nursing, con estudios de postgrado en enfermería pediátrica cursados en el Bellevue Hospital de Nueva York.

Fue profesora de enfermería clínica pediátrica, de Ciencias Sociales en enfermería y consejera de enfermería en el Hospital Universitario de Birmingham, Alabama.

Con tales antecedentes, quizá no sorprenda que cuando asistió a su primer servicio en julio de 1955 se mostrara escéptica ante los "milagros".

No es que no creyera en Dios. Creía. Una devota mujer de iglesia, metodista de toda la vida, extremadamente activa en su iglesia, se consideraba una buena cristiana y una firme creyente en el poder de la oración, es decir, en una especie de oración generalizada para ser respondida de una manera general.

Había formado parte de la Comisión de Religión y Salud del Consejo de Iglesias de San Luis, y se apresuraba a reconocer que Dios sana con la ayuda de médicos, enfermeras y medicinas.

De lo que no se daba cuenta era de que cualquiera podía ser sanado instantáneamente por el poder directo de Dios. Ella no creía que Él realizara milagros de curación similares a los que tuvieron lugar durante el ministerio terrenal de Jesús, pues seguramente, razonaba, lo que había sucedido hacía casi dos mil años no era aplicable a esta era científica actual.

De hecho, fue gracias a su cuñada, Dolly Graham, que la Sra. Gethin asistió, reacia e incrédula, a su primer Servicio Milagroso.

Dolly había tenido una afección cardíaca leve durante muchos años, pero en el otoño de 1948 sufrió una grave enfermedad que causó daños irreversibles en el órgano, ya de por sí imperfecto. Cuando en noviembre le dieron el alta en el Hospital Magee de Pittsburgh, le habían dicho que sería una semi inválida para el resto de su vida.

Al llegar a casa, sólo se preguntaba por qué los médicos habían utilizado la palabra "semi", ya que al menor esfuerzo apenas podía respirar, e incluso comer era un esfuerzo. Se vio obligada a permanecer en cama la mayor parte del día, mientras su marido la subía y bajaba de las escaleras para pasar breves ratos en el sofá del salón. Dormía sobre cuatro almohadas, prácticamente sentada en la cama, y a menudo se despertaba tosiendo y escupiendo mucosidad y sangre de los pulmones. Su pulso era de 126 pulsaciones por minuto, y tomaba medicamentos para ralentizarlo.

Dolly había sido supervisora de música en las escuelas públicas y amaba profundamente la música. Su principal diversión durante sus días de reposo consistía en escuchar todos los programas musicales que podía captar en su radio.

Un día oyó en la radio lo que ella describe como una música de órgano y piano de una belleza inusual. Se acomodó para disfrutarla, cuando "oí una voz de mujer que decía: 'Y tú, ¿me has estado esperando?' Rápidamente cambié el dial a otra emisora", dijo Dolly, "porque todos los días volvía a esa emisora para oír esa música. Entonces, un día oí a alguien dar su testimonio a través de la radio. No recuerdo ahora de qué se trataba, pero captó mi interés, y empecé a escuchar la emisión completa".

Dolly había ido a la escuela dominical y a la iglesia, pero nunca había oído hablar de la sanidad espiritual y, como ella misma decía, "sabía muy poco de Dios. Me lo imaginaba muy lejos, en el cielo, si es que existía ese lugar, y estaba segura de que no se interesaba por nosotros aquí y ahora. Y en cuanto a los milagros, continuó sonriendo, supongo que después de graduarme en la universidad me consideraba demasiado inteligente y demasiado 'intelectual' para creer en esas cosas".

Pero después de escuchar emisión tras emisión, Dolly empezó a preguntarse si no habría algo en esas curaciones de las que oía hablar. Finalmente le preguntó a su madre si podía llevarla al Carnegie Auditorium.

Fueron juntas por primera vez, unas semanas más tarde. "Había ayunado todo el día", recuerda Dolly, "y cuando salimos del auditorio, estaba tan enferma que no sabía qué hacer, pero había visto suceder cosas maravillosas ante mis propios ojos".

Cuando su marido le preguntó aquella noche, con las cejas levantadas, si se había sanado, ella respondió: "No lo creo. Pero allí pasa algo que no entiendo, y debo volver".

Al día siguiente se sentía mejor de lo que se había sentido en mucho tiempo, pero, como ella misma dijo, "aún no estaba preparada para mi sanidad. Aún ignoraba demasiado los asuntos espirituales".

Algún tiempo después, ella y su madre fueron a un Servicio Milagroso. Durante el mismo, una niña muda por la que oraba la gran congregación se sanó al instante.

"Estaba sonriendo y muy contenta", contó Dolly, "cuando de repente algo pareció apoderarse de mí y sentí como si alguien me apretara por todas partes. Al mismo tiempo, una luz brillante parecía atravesar el techo y tuve que taparme los ojos para protegerlos del resplandor más deslumbrante que jamás había visto. Empecé a llorar y a llorar. Nadie más había visto aquella luz y no sabían qué me pasaba".

A partir de ese día, Dolly sintió un hambre insaciable por la Palabra de Dios. Escuchó todos los sermones que pudo oír por la radio; leyó su Biblia por primera vez en muchos años, y regresó a la iglesia.

Seguía sin poder sostener un libro de himnos porque pesaba demasiado, y otra persona tenía que sostenerlo por ella, y seguía sin poder cantar más que unas pocas palabras sin jadear. Pero, como ella misma dice: "Mi sanidad ya no parecía importarme. Había encontrado la paz".

Elizabeth Gethin, "Ve y cuenta esta historia".

Fue entonces cuando Elizabeth Gethin y su familia volvieron a Pittsburgh. Según Dolly, convenció a Elizabeth para que la acompañara a una reunión, porque ella y su cuñada siempre habían sido amigas devotas y quería compartir con Elizabeth lo que había descubierto.

Según la Sra. Gethin, acompañó a Dolly al servicio porque, como enfermera, conocía toda la gravedad de la enfermedad cardíaca de Dolly y consideró que no era seguro que fuera sola al auditorio.

"Estaba medicada", contó Elizabeth, "extremadamente cianótica y sin aliento. Recordemos que llevaba ocho años bajo estrictos cuidados médicos por una cardiopatía grave y médicamente incurable. No me atreví a dejarla ir sola por miedo a que se desmayara; quería protegerla de la multitud. Debo admitir que me sentía reacia y un poco impaciente por tener que renunciar a todo un día atendiendo a un tonto capricho de Dolly, para ir a una especie de servicio religioso que sabía que no me gustaría ni en el que creería. Pero me sentí en el deber de llevarla".

Fue al principio del servicio, en que se oraba por una mujer con esclerosis múltiple, cuando el poder de Dios atravesó a Dolly. La Sra. Gethin, con su formación de enfermera a flor de piel, observó cada detalle de lo que sucedía. Primero observó con curiosidad científica y luego con asombro la transformación que se estaba produciendo en su cuñada ante sus propios ojos. Describió gráficamente cómo las uñas de Dolly pasaban instantáneamente del azul a un saludable rosa; cómo el color inundaba su rostro como si se estuviera produciendo una transfusión de sangre; cómo algo parecido a una corriente eléctrica recorría todo el cuerpo de Dolly, sanándola y restaurándola de forma bastante evidente. "Mientras observaba a Dolly bajo el poder", contaba Elizabeth Gethin, "supe al instante que se trataba de Dios, ya que Dolly es una persona muy sencilla y sin emociones. Además, la sanidad que estaba viendo tenía que ser obra de Dios, no había otra explicación.

En esos momentos supe que nunca hasta ahora había tenido una verdadera visión de Él. Y al ver el color saludable del rostro resplandeciente de Dolly, me pareció que el Espíritu Santo me hablaba y me decía: *'Estás aquí para que puedas ir a contar esta historia'*".

La sanidad de Dolly, tanto física como espiritual, había sido en realidad algo gradual. Había tenido mucho que aprender de las cosas del Espíritu, y como ella dijo: "Si hubiera recibido mi sanidad inmediatamente, no creo que hubiera sentido la necesidad, o hubiese estado tan ansiosa, de profundizar en los caminos de Dios".

Era como si, a medida que se consagraba cada vez más a Dios, y caminaba más y más en Su luz, recibía más y más de Su gracia sanadora.

Día tras día recibía fuerzas, y como ella misma decía: "Cuando acudía a los servicios, recibía aún más fuerzas. Parecía que cada vez que me esforzaba por dar un paso en la fe, recibía mucha más sanidad".

La culminación de su sanidad tuvo lugar aquella calurosa tarde de julio de 1955. Fue en ese día, que vivirá para siempre en la memoria de ambas, cuando Dolly y Elizabeth conocieron todo el poder transformador de Jesucristo.

"Me había creído cristiana", dijo Elizabeth, "pero ahora veo que *nunca había* creído *del todo*. Pero desde ese momento no tengo ninguna duda de que Dios escucha y responde directamente a cada oración.

Por encima de todo, ahora sé que todo es posible con Él. Este conocimiento no sólo ha cambiado mi vida, sino la de muchos de mi familia, y ni Dolly ni yo podemos volver a ser las mismas".

Recordando sus propias dudas, Elizabeth Gethin estaba segura de que nadie que ella conociera creería el maravilloso acontecimiento que tuvo lugar aquel día de julio de 1955. Pero, como dijo Elizabeth, "han *tenido* que creer", pues Dolly gozó de perfecta salud desde aquél momento. Luego del milagro, dirigió el coro de su iglesia y daba testimonio del poder de Dios en cualquier momento y lugar en que podía ayudar a los demás. Su cardiólogo, al examinarla después de su sanidad, declaró que ya no necesitaba medicación y le retiró la digitalina. Y su médico de cabecera le dijo. "Sí, *sé* lo que te ha pasado. En muchos años de trabajo médico, he visto a Dios hacer muchos milagros".

Pero la dramática sanidad de Dolly no fue lo único que convenció a la gente que conocía Elizabeth de que algo maravilloso había sucedido. El milagro que tuvo lugar aquel día en el corazón de Elizabeth, que a su manera necesitaba la sanidad de Dios tanto como el de Dolly, no fue menos maravilloso, y apenas menos obvio para quienes la rodean. Nunca ha dejado de obedecer el mandato que el Espíritu Santo le dio aquella tarde de verano en el Carnegie Auditorium. De hecho, ha "contado la historia", y su testimonio ha sido una inspiración y una fuente de aliento para los servicios de sanidad ya existentes y, especialmente, para los que se fueron contemplando en varias iglesias de la Conferencia de Pittsburgh de la Iglesia Metodista.

Pero aunque sus esfuerzos por glorificar a Dios y hacer avanzar Su Reino habían surgido inicialmente de la sanidad de su cuñada, no se limitaron a su testimonio *hablado del* poder de Dios.

"Una de las cosas más maravillosas de la sanidad", contaba Elizabeth, "ha sido la gran vía de oración que ha abierto". Durante seis años, un grupo de oración interconfesional se reunía todos los miércoles por la mañana, principalmente en casa de los Gethin; un grupo de oración, como ella decía, "en el que el Espíritu Santo es la fuerza que guía". Los que iban, realmente lo hacían con alegría y acción de gracias, y con un espíritu de gran expectación, preguntándose qué va a hacer Dios ese día. Él nunca nos ha fallado, pero sin duda ha respondido a la oración de una manera gloriosa. Creemos que la alegría y la gratitud son el secreto de un grupo de oración feliz y con éxito".

Como resultado directo de ello, surgieron muchos grupos de este tipo que se reunían semanalmente en oración por toda la ciudad de Pittsburgh y sus alrededores.

La Sra. Gethin llevó a muchos de los miembros del grupo de oración a los servicios, y entre los maravillosamente sanados por Dios ha estado su propia hermana, Jeanette, que fue instantáneamente sanada de sordera mientras estaba de visita desde Filadelfia.

Se había abierto otro campo en el que Elizabeth y Dolly trabajaban para la gloria de Dios.

Meses después, ambas fueron admitidas por el reverendo Alfred Price en la Orden de San Lucas, en la Iglesia Episcopal de San Esteban de Filadelfia. Este grupo de clérigos, médicos, enfermeras y laicos que creían en el poder sanador de Dios, trabajaban juntos para devolver la sanidad espiritual a la Iglesia organizada.

"Nunca dejaré de estar agradecida a Dios por haberme permitido ver a mi preciosa cuñada sanada aquel día en el Carnegie Hall", decía Elizabeth Gethin. "Ese fue el día que cambió todo mi mundo, porque fue el día en que realmente llegué a conocer a Jesucristo, no sólo como mi Salvador personal, sino como el Gran Médico".

"Vete a casa con tus amigos", les dijo, "y cuéntales cuán grandes cosas ha hecho el Señor por ti" (Marcos 5:19).

En su gratitud a Dios, Elizabeth Gethin vivió para hacer precisamente eso.

Precioso Señor, cómo te agradecemos la maravilla de tu amor por nosotros. Tú eres nuestro Salvador y nuestro Señor, el gran Sanador de cuerpo, mente y espíritu. Tómanos y úsanos, para la Gloria de Dios. En el Nombre de Jesús, amén.

"FUE UN TOQUE TIERNO"

Amelia Holmquist

La trajeron en una camilla, su cuerpecito patéticamente demacrado, ¡pero estaba completamente vestida! Estaba tan segura de que iba a salir de aquella camilla, tan *segura de que* Dios iba a curarla, tan *segura* de que aquel iba a ser su día, que le pidió a su marido que la vistiera completamente antes de que los camilleros la llevaran a la ambulancia que la esperaba. En aquel momento, Amelia Holmquist estaba totalmente incapacitada a causa de la artritis; tenía afectados todos los nervios del cuerpo.

Era luterana sueca, pero, como se encargaba de señalar con considerable orgullo —y con un acento tan marcado que resultaba difícil entenderla—, "soy ciudadana estadounidense", y luego, tras una breve pausa, añadía con una sonrisa: "Pero supongo que podría decirse que, sobre todo, mi ciudadanía está arriba: con el Señor".

Unos años antes, Amelia había notado que sus articulaciones parecían rígidas e hinchadas. Cuando el dolor la obligó a ir al médico, éste le diagnosticó una forma de artritis.

Le había recetado el tratamiento habitual —calor, masajes, fármacos, ciertos ejercicios estipulados para mantener el funcionamiento normal de las articulaciones—, pero todo parecía inútil. El dolor continuaba y la rigidez aumentaba. Cada vez le resultaba más difícil levantar y mover los brazos. Podía sentarse en una silla con el mayor esfuerzo y, una vez abajo, le resultaba físicamente imposible levantarse. Su forma de andar, antes enérgica, se convirtió en una dolorosa cojera, hasta que no pudo desplazarse sin bastones. Todas sus articulaciones estaban muy deformadas y llegó el día en que quedó completamente discapacitada y postrada en cama.

"En ese momento", recordaba, "vino a verme una vecina. Me trajo un librito rojo titulado *The Lord's Healing Touch (El toque sanador del Señor)*, escrito por alguien llamado Kathryn Kuhlman, y me dijo que la señorita Kuhlman emitía por radio todos los días, y que me asegurara de escucharla". Amelia leyó el librito y empezó a escuchar las emisiones y, como ella decía, se le abrió otro mundo.

"Había ido a la iglesia toda mi vida", dijo, "pero hasta ahora no sabía que Dios sana hoy como lo hizo hace dos mil años, y nunca supe nada sobre la fe verdadera, hasta que leí ese pequeño libro y empecé a escuchar a la señorita Kuhlman".

En ese momento, Amelia Holmquist estaba completamente indefensa. No podía girar la cabeza ni una fracción de centímetro ni mover ninguna parte del cuerpo. Sufría un dolor casi constante, con todo el cuerpo tan dolorido que no se la podía bañar con agua, sino sólo limpiarla suavemente con un algodón empapado en aceite.

De su peso normal de 66 kilos había bajado a 44 kilos, y estaba a punto de morir de agotamiento, la situación de aproximadamente el 2% de las víctimas de la artritis en su fase avanzada de la enfermedad.

A medida que leía y escuchaba las emisiones, su fe empezó a crecer. Por primera vez en muchos años, la convicción de que podría volver a llevar una vida normal empezó a despertar en su corazón, que llevaba mucho tiempo sin esperanza.

Un día, tras escuchar la radio, le preguntó a su marido si el domingo siguiente la llevaría en ambulancia al servicio que se celebraba en el auditorio Stambaugh de Youngstown, Ohio. Él se negó en un primer momento por su falta de fe y, en segundo lugar, porque sinceramente consideraba que la distancia que suponía el viaje era demasiado grande para emprenderlo. "Entonces", dijo Amelia, "empecé a orar a Dios para que trajera a la Srta. Kuhlman más cerca de Akron, para que yo pudiera llegar hasta ella, y Él respondió a mi oración. Un mes más tarde se programó un servicio en Canton, Ohio, y supe que podría llegar allí fácilmente".

Se preparó la ambulancia y, a primera hora de la mañana del domingo, Amelia despertó a su marido y le pidió que la vistiera. Él se quedó atónito.

"¿Por qué?", quiso saber. "¡La gente no va a los sitios en camillas en ambulancias *vestidas!*"

"Porque", dijo su mujer, con el rostro encendido, "*sé* que hoy es mi día para curarme. Me levantaré y me alejaré de esa camilla, y cuando lo haga, tendré que ponerme algo de ropa".

Desaprobador, escéptico, pero para aplacarla como haría con una niña poco razonable, procedió a buscar en el armario un vestido que se abotonara por delante, ya que ella no podía mover los brazos en absoluto, y mucho menos levantarlos por encima de la cabeza. Finalmente, encontró uno, la vistió y la peinó. Estaba lista justo cuando la ambulancia se detuvo en la puerta.

La colocaron con cuidado en la camilla, procurando no infligirle un dolor innecesario. Era difícil evitarlo, ya que sólo había dos pequeños lugares en su espalda donde podían tocarla y levantarla sin causarle un gran sufrimiento. Después la sacaron y la metieron en la ambulancia con su marido a su lado.

La ambulancia estaba a punto de ponerse en marcha cuando ella llamó al conductor: "Oh, espere, no se vaya todavía. Olvidamos mi *abrigo*".

Su marido la miró incrédulo. "¿Tu *abrigo?*", le dijo. "¿Para qué demonios quieres tu abrigo? Estás cubierta de mantas de la cabeza a los pies".

"Sí", respondió, "pero no puedo llevar mantas cuando vaya a casa. POR FAVOR, TRAE MI ABRIGO".

Mirándola un momento, completamente mudo, entró en la casa y volvió con su abrigo sobre el brazo.

La actitud de Amelia Holmquist en este episodio ilustra uno de los requisitos fundamentales de la sanidad divina: la expectativa completa y sin reservas de que se producirá la sanidad. Amelia Holmquist poseía ese importante tesoro que llamamos FE. No es algo que podamos sacar y analizar; no es algo que podamos "trabajar". ES UN DON DE DIOS.

> "Porque por gracia sois salvos por medio de la fe; y esto no de vosotros, pues es *don* de Dios".
>
> —Efesios 2:8

Todos deberíamos orar por este don inefable. Porque *es* un don de Dios, ninguno de nosotros merece ningún crédito personal por creer en Cristo o por la fe que podamos tener. Debemos dar a Dios toda la gloria, incluso por la porción de fe que manifestamos y poseemos.

Aquel domingo, que nunca olvidarán ni Amelia Holmquist ni su marido, la ambulancia llegó hasta la puerta trasera del auditorio. Los asistentes cargaron con la camilla en la que yacía la indefensa mujer y la colocaron en la plataforma.

"Quizá ya estaba sanada antes de llegar al auditorio", contó luego Amelia en retrospectiva, "porque no recuerdo en absoluto que me trajeran. Lo primero que supe fue que, de repente, estaba allí en el estrado, y *supe* que si podía subir al escenario y quedarme allí junto a Kathryn Kuhlman, Dios me sanaría. *Sabía* que lo haría".

Mientras yacía en la camilla, justo al comenzar el servicio, tuvo una visión. Ahora bien, muchas personas afirman tener visiones y, en mi opinión, la gran mayoría de ellas son imaginarias, debido a un exceso de emotividad, pero esta mujercita —y la he observado de cerca durante mucho tiempo— era una de las personas menos emotivas que he conocido. Se trataba de una persona rígida y poco imaginativa, además de muy íntegra. Sólo puedo creer que lo que vio fue real y verdaderamente del Espíritu.

"Algo me hizo mirar hacia la esquina del auditorio", relató Amelia, "y mientras miraba, me di cuenta de que el Señor ya me había aflojado el cuello; por primera vez en muchos, muchos meses, lo había girado. Ahora sé que hay una luz en este rincón, pero para mí, aquel día, no había luz. Vi, en cambio, algo parecido a una ventana, y había un hombre de pie —no podía verle la cara—, vestido con una túnica blanca, y sobre una mesa a su lado había un libro en el que estaba escribiendo".

"Nunca había asistido a este tipo de reuniones, así que no sabía qué esperar. Me volví hacia mi marido y le dije: 'Me pregunto quién es ese de ahí arriba', y él me contestó: 'Ahí arriba no hay nada más que una gran luz'".

Amelia supo entonces que sólo ella tenía el privilegio de ver a la figura de la túnica blanca.

"Cuando volví a mirar", continuó, "pude ver que todas las páginas del libro que tenía al lado estaban llenas de escritura. Parecía que él pasaba y pasaba las páginas —una tras otra— y se me ocurrió que el libro trataba de *mí*, y que las páginas estaban llenas de mis pecados. Y entonces, mientras seguía mirando, todas las páginas parecieron volverse blancas. Era como si Dios hubiera borrado todos mis pecados y me hubiera dado otra oportunidad de empezar de nuevo".

Ese fue el primer sermón real de Amelia Holmquist sobre la salvación. Yo no lo prediqué; el Espíritu Santo mismo lo dio. Este fue su sermón sobre nacer de nuevo.

Fue como Amelia sabía que sería. Después de que el Señor le soltara la cabeza, permitiéndole verle, una de las trabajadoras del servicio se acercó a ella y le dijo: "¿Quieres venir conmigo ahora?"

Ella contestó rápidamente, sin pensar: "Pero no puedo andar". Y luego dijo: "¡Oh, sí que puedo! *Sé* que puedo", y en ese instante tuvo la clara sensación de que alguien la había levantado de la camilla.

"Fue un toque tierno", dice sonriendo al recordarlo. "¡Tan tierno!"

Ya de pie, el trabajador trajo a Amelia hacia mí. Se dio la vuelta y caminó sola hasta la camilla y de nuevo hasta mí. Coloqué una silla para ella en la plataforma y se sentó sin ningún problema.

"Durante años", dijo Amelia, "no había podido sentarme hasta ese momento. Entonces me levanté sola y me dirigí al salón de señoras. No pude encontrarlo, y en la búsqueda recorrí todo el auditorio, incluso bajé las escaleras hasta el sótano y volví a subir. Todo completamente sola".

Era la hazaña de una mujer que treinta minutos antes había estado inmóvil en una camilla, totalmente incapacitada; era la hazaña de una mujer sobre la que su médico había dicho: "Estará incapacitada y necesitará medicación el resto de su vida".

Al final del servicio, los asistentes de la ambulancia volvieron para sacarla como la habían traído. Al verla, se quedaron boquiabiertos e incrédulos.

A la pregunta de si quería volver a casa en la camilla, respondió sin rodeos: "No, desde luego que no. Iré delante", tras lo cual subió los altos escalones de la ambulancia y procedió a sentarse. En el asiento delantero sólo cabían tres personas, así que uno de los auxiliares de la ambulancia ocupó la camilla durante el trayecto de vuelta a casa.

Amelia dice que no paró de hablar en todo el camino de vuelta a casa, porque estaba muy emocionada. El mundo entero le parecía tan hermoso y nuevo que no podía superarlo. Era su nueva experiencia de parto.

"Desde ese día —dijo— me entregué al Señor, y no lo haría de otra manera. Me encanta esta vida que estoy viviendo, y todas las cosas son tan maravillosas".

Esa noche, preparándose para irse a la cama, Amelia interrogó a su emocionado marido.

"¿Recuerdas", dijo, "allí en la plataforma en el servicio, cuando me levanté de la camilla por primera vez?". Asintió con la cabeza: "Bueno, ¿quién fue el que me levantó?". Parecía sorprendido. "Nadie", dijo. "Nadie te levantó. Te levantaste sola".

Se limitó a sonreír. Ahora sabía por qué el contacto que había sentido había sido tan extraordinariamente tierno.

A la mañana siguiente, Amelia estaba en el jardín cuidando sus rosales. Su vecina de al lado, al verla desde la ventana del rincón del desayuno, salió y dijo: "Es extraño. Te pareces tanto a la Sra. Holm. . . ". Y entonces se dio cuenta de que era la Sra. Holmquist.

Blanca y temblorosa como si hubiera visto un fantasma, lo único que pudo hacer la mujer fue seguir repitiendo: "No puedo creerlo. No puedo *creerlo*".

Desde que se curó, Amelia no estuvo enferma ni un solo día, ni tomó siquiera una aspirina, ni ha tenido que consultar a un médico por el resto de su vida.

Es un milagro de Dios, obrado por Él en respuesta a la fe expectante de uno de sus hijos.

No es con fuerza ni con poder, sino con mi Espíritu, dice el Señor" (Zacarías 4:6).

Qué bien conocemos la verdad de estas palabras. Desde el fondo de nuestros corazones le damos gracias por estas maravillosas manifestaciones de su poder y juramos alabarle por los siglos de los siglos.

NINGÚN CASO ES DESESPERADO

Paul Gunn

En la primera página del Sunday Pittsburgh Press del 1 de junio de 1958, había un titular: SE PIDE A LOS MÉDICOS QUE NO DIGAN QUE EL CASO DE CÁNCER NO TIENE REMEDIO. Y ahora el artículo:

"Ayer se dijo a los médicos de aquí que dejaran de decir a los pacientes de cáncer 'sin esperanza' que sus casos no tienen remedio. El *Pittsburgh Medical Bulletin*, publicación oficial de la Sociedad Médica del Condado de Allegheny, advirtió a los médicos que no trataran de ser árbitros del destino, porque nadie puede decir cuándo va a morir nadie. Incluso cuando todas las pruebas médicas indican que no hay esperanza para un paciente", declaraba el boletín. "El médico debe recordar que la voluntad de Dios, y mecanismos poco conocidos del cuerpo humano, pueden interceder en favor del paciente. Las actividades fisiológicas del cuerpo humano y la voluntad de Dios", continuaba diciendo el boletín, "pueden permitir la continuación de la vida y un cierto grado de confort y bienestar en algunos casos en los que el examen patológico y las pruebas clínicas excluyen la existencia de esperanza. Por lo tanto, no seamos árbitros del destino y extendamos un pronóstico absolutamente desesperanzador aunque parezca haber pruebas de lo mismo, en la medida en que hay poderes y factores más allá de nuestro conocimiento, que pueden permitir una existencia razonablemente cómoda a pesar de las pruebas incontrovertibles de lo contrario".

No es demasiado creer que el creciente reconocimiento médico de las sanidades, como la experimentada por Paul Gunn, impulsó las declaraciones anteriores del médico que entonces era editor del boletín médico.

Paul Gunn era un vigilante nocturno empleado desde hacía muchos años por la Mesta Machine Company de Pittsburgh,

Fue el 28 de septiembre de 1949 cuando el Sr. Gunn enfermó de neumonía vírica y fue trasladado al Presbyterian Hospital. Allí su estado no mejoraba; su pulmón izquierdo no parecía curarse a pesar del tratamiento. Sus médicos empezaron a sospechar y ordenaron una serie de pruebas de laboratorio exhaustivas que incluían quince radiografías, dos broncoscopias y un broncograma, además de tres pruebas de esputo de veinticuatro horas. Los resultados de cada una de estas pruebas fueron positivos, lo que condujo a un diagnóstico indiscutible: cáncer avanzado del pulmón izquierdo.

El pulmón estaba demasiado deteriorado para permitir el uso de una terapia no quirúrgica y los médicos ordenaron la extirpación inmediata del pulmón infectado y de cinco costillas.

Paul no necesitaba pruebas de laboratorio ni médicos para convencerse de que estaba gravemente enfermo. Su peso había bajado de 90 a 55 kilos. Escupía sangre constantemente durante el día, y por la noche tragaba sangre en grandes cantidades, expulsándola por la mañana. Tenía dolores continuos.

"Me ardía el pulmón todo el tiempo", recordaba, "como si tuviera un soplete dentro. Me sentía como un tragafuegos de circo. Cada vez que soplaba por la boca, me sorprendía que no saliera ninguna llama. Si alguien me presionaba en el lado izquierdo del pecho, sentía como si me estuvieran apretando la carne contra una llama. No podía soportar ningún peso, ni siquiera un Kleenex en el bolsillo del pijama. Me sentaba y me sacaba el abrigo del pijama del pecho".

Mientras Paul estaba en el hospital, muchos amigos fueron a verlo. Consternados por su aspecto y su evidente estado, algunos de ellos le mencionaron la maravillosa obra que Dios estaba realizando en el avivamiento que se estaba llevando a cabo en la zona norte de Pittsburgh, en el Carnegie Auditorium.

"La curación divina no era nada nuevo para mí", dijo Paul, "así que no tuvieron que venderme nada. Yo *sabía* lo que Dios podía hacer si poníamos nuestra fe. Pero la fe sin obras está muerta, así que me preguntaron si estaría bien que enviara una petición de oración a Kathryn Kuhlman".

A Paul no sólo le pareció "bien", sino que él y su mujer enviaron al mismo tiempo *su* petición de oración.

Sin embargo, su estado era tan grave que su familia no esperaba que viviera, con oraciones o sin ellas, con cirugía o sin ella, hasta su cumpleaños, el 23 de octubre. Y los médicos habían dejado muy claro que la extirpación del pulmón no podía *garantizar* su recuperación; simplemente era el único procedimiento indicado que podría salvarle la vida. Por lo tanto, para asegurarse de que Paul tuviera una celebración de cumpleaños más, su mujer le preparó una pequeña tarta y se la llevó a la habitación del hospital llena de velas, una semana antes de lo previsto.

Al día siguiente, Paul preguntó a sus médicos cómo de "inmediata" debía ser su operación de pulmón. Le dijeron que la operación debía realizarse en los siete días siguientes. Si se retrasaba más, la opinión médica generalizada era que Paul no podría sobrevivir.

El Sr. Gunn hizo entonces una petición insólita: enfermo como estaba, literalmente más muerto que vivo, pidió salir del hospital durante la semana anterior a la operación programada. Lo pidió por dos razones: en primer lugar, tenía varios asuntos de negocios que sentía que debía arreglar; y en segundo lugar, y mucho más importante, quería buscar la sanidad de Dios: quería tener la oportunidad de asistir a los servicios en el Carnegie Auditorium.

El hospital cooperó, dándole permiso para marcharse temporalmente y guardando su cama a la espera de su regreso en siete días para la operación.

El paciente fue directamente del hospital a ver a su abogado, donde hizo redactar su testamento, y luego, directamente del despacho de su abogado se dirigió al Servicio Milagroso del North Side. Sólo su inquebrantable convicción de que se sanaría le permitió soportar el dolor en el pecho y le dio fuerzas para llegar hasta la sala.

“Entré cojeando con dos bastones, tan débil que apenas podía mantenerme en pie y con un dolor terrible”, dijo, “pero en cuanto entré en aquel vestíbulo pude sentir la presencia de Dios, y supe que iba a hacer algo por mí. Su Espíritu se movía maravillosamente allí, y supe que lo que vi aquella noche eran verdaderas obras de Dios”.

Pero Paul Gunn no se sanó en aquel primer servicio. “Estaba demasiado ocupado observando al resto”, dijo con una sonrisa, “y orando por los que parecían estar peor que yo”.

Paul asistió a un total de cuatro reuniones esa semana, ayunando y orando, y en el cuarto servicio, después de ayunar durante cuarenta y ocho horas, Dios lo tocó con Su mano sanadora. Unas amables señoras le habían guardado un asiento para que no tuviera que luchar con la multitud y pudiera llegar justo a tiempo para el servicio. Estaba sentado en la cuarta fila, el quinto asiento, en esa noche maravillosa. “Nunca olvidaré ningún detalle”, dijo.

"De repente, el poder de Dios descendió. Me golpeó y sólo por un instante la sensación de fuego ardiente en mi pulmón fue más intensa que nunca. Pensé que no podría soportarlo. Me recordó la historia de los tres hebreos en el horno de fuego, con el horno siete veces más caliente que nunca".

"Y entonces", continuó Paul, "todo acabó... así de fácil". "Ya sabes", explica, "cómo cuando enciendes un trozo de papel, todo se deshace en cenizas. Pues bien, sentí en el pecho como si hubieran encendido una cerilla en un trozo de papel que tenía dentro. Y entonces pareció como si Dios hubiera tomado Su mano y tocado el montón de cenizas, y todas se desprendieron, y desde ese momento no hubo más quemazón, ni dolor, ni molestias. Y no lo ha habido desde aquel día".

Todo este milagro de sanidad había durado aproximadamente medio minuto.

No había la menor duda en la mente de Paul Gunn sobre lo que había sucedido: sabía que había sido instantáneamente sanado por el poder del Espíritu Santo. La fecha era el 27 de octubre de 1949. Aquella noche salió del Carnegie Hall, erguido y sano. Ya no necesitaba sus bastones para apoyarse, pues era fuerte en el Señor. Dos días después, el Sr. Gunn volvió al hospital. Su cama le esperaba y la operación estaba programada para el día siguiente. No necesitaba ninguna de las dos cosas. Entró directamente en la consulta de su médico y afirmó que se había sanado.

Naturalmente, el asombrado médico insistió en un examen exhaustivo y en la repetición de todas las pruebas de laboratorio realizadas anteriormente; entre ellas, se ordenaron más radiografías y otra broncoscopia.

"Antes, cuando me hacían una broncoscopia", dijo Paul, "bajaba del quirófano sangrando profusamente y seguía sangrando durante un día, y cada vez que terminaba, sentía que no viviría ni dos horas más. Una vez, cuando me vi la cara en el espejo, estaba *seguro de que no viviría.*

Dos días después de mi sanidad, sin embargo, entré y me desvestí; me subí solo a la mesa de operaciones; me hicieron la broncoscopia; y me bajé sin ayuda de la mesa. No había ni una gota de sangre en ninguna parte, ¡y me sentía bien!"

Una vez terminadas las pruebas, Paul recorrió la manzana que separa el Hospital Presbiteriano de la Quinta Avenida, se detuvo en un restaurante a tomar un café y caminó varias cuadras para ver a un amigo que había estado en el hospital con él. Desde allí tomó un tranvía, se fue a casa y esa tarde volvió al Carnegie Hall para asistir al servicio, esta vez para dar gracias por su sanidad. Los resultados de las nuevas pruebas de laboratorio fueron todos negativos: no quedaba rastro alguno de la otrora mortal enfermedad maligna.

A los pocos días, Paul Gunn estaba de vuelta en la Mesta Machine Company, pues el médico de la planta le había dado el visto bueno para trabajar. Había estado fuera tres meses y medio, y le habían contratado un sustituto, pero le aceptaron en su antiguo trabajo.

La primera noche de vuelta al trabajo, dos mil hombres de la planta se acercaron y le estrecharon la mano, todos con una sonrisa de felicitación. Ninguno esperaba volver a verlo con vida. Un obrero habló en nombre de muchos cuando dijo: "Aquella vez que te di la mano en el hospital, pensé que te ibas a morir mientras yo aún te tenía agarrada la mano".

Paul no sólo recuperó rápidamente el peso perdido, sino que, en poco tiempo, ¡tuvo que hacer dieta para *adelgazar*!

Mucho antes de desarrollar el cáncer, había sufrido continuamente diversos dolores y molestias. Sin embargo, desde que se sanó en 1949, nunca más estuvo enfermo y trabajaba ocho horas y media por la noche, seis noches a la semana.

"Si das un paso hacia Jesús", decía Paul, "Él dará dos hacia ti. Cualquiera puede tener cualquier cosa del Señor por la que crea a Dios".

El rostro resplandeciente de Paul era testimonio de sus convicciones, y su maravilloso testimonio, que ha dado innumerables veces a innumerables personas, ha llevado muchas almas a Cristo. Si fuera necesario probar su sanidad, tiene en su casa copias fotostáticas de todo su historial médico, con excepción de las radiografías que le hicieron, que todavía están en el Hospital Presbiteriano.

Dos buenos ejemplos de su estado de salud son que durante doce años ha donado casi diez litros de sangre y ha suscrito cinco nuevas pólizas de seguro. Se ha sometido a todas las pruebas conocidas por la ciencia médica y nunca hubo indicios de cáncer en su cuerpo.

En el lenguaje de los hombres, la curación de Paul fue un milagro, pero la palabra *milagro* no está en el vocabulario de Dios, porque todas estas sanidades forman parte de Su naturaleza. Fueron pagadas en el Calvario.

Cuando Jesús gritó "ESTÁ TERMINADO" desde la cruz, Él dijo, en otras palabras, "Está todo comprado y pagado. Está en el mostrador de Will-Call ahora mismo, para cualquier hombre o cualquier mujer que se acerque y lo reclame".

La fe no se puede fabricar. Una de las principales dificultades es que no nos damos cuenta de que la fe sólo puede recibirse cuando Dios mismo la imparte en el corazón. O se tiene fe o no se tiene. No se puede fabricar... no se puede crear. Puedes creer una promesa y al mismo tiempo no tener la fe para apropiártela. *Creer* es una cualidad mental, pero la fe es espiritual, cálida, vital... vive y palpita y su poder es irresistible cuando es impartida al corazón por el Señor. Es con el *corazón* que el hombre cree para justicia.

"Digo, pues, por la gracia que me ha sido dada, a todo hombre que está entre vosotros, que no tenga más alto concepto de sí que el que debe tener, sino que piense sobriamente, conforme a *la medida de fe que Dios repartió a cada uno*" (Romanos 12:3).

Cuando veamos la verdad, ya no estaremos alrededor de los pobres enfermos hora tras hora, reprendiendo, ordenando, exigiendo, luchando... y debido a nuestra falta de la *verdad* y del *Espíritu Santo*, ¡traemos un reproche al Señor!

Hay lugar para la intercesión, pero no en el ejercicio de la fe. La intercesión y el gemido del corazón pueden preceder a la operación de la fe, pero cuando se imparte la fe de Dios, el único ruido será la voz de acción de gracias y alabanza.

La mujer que tenía el flujo de sangre no estaba luchando por agarrar un salvavidas de liberación por el poder de la aprehensión *mental*; todo lo que ella quería hacer era llegar a Jesús.

Todo lo que hizo el pobre y miserable desdichado en el camino de Jericó fue amontonar en ese grito desgarrador la historia de su propia impotencia y su creencia en el amor, el poder y la compasión de Jesús de Nazaret.

Cuando Dios le dio a Paul Gunn su medida de fe, tardó aproximadamente medio minuto para que esa fe produjera el resultado: ¡un cuerpo completamente sanado de cáncer por el poder de Dios!

SANADO POR UN PODER SUPERIOR

Richard Kichline

La esposa del pastor de la Primera Iglesia Evangélica y Reformada de Vandergrift, Pennsylvania, acababa de terminar de contar el maravilloso milagro en la vida de su joven hijo Richard, cuando un perfecto desconocido se levantó en el auditorio y dijo: "Señorita Kuhlman, estoy seguro de que soy un extraño para la madre del joven Richard, pero sé que cada palabra que ha dicho es cierta. Verá, mi hija era enfermera en el Hospital Presbiteriano en el momento en que se produjo este milagro, y me lo contó todo, mientras sucedía".

El 15 de mayo de 1949, Richard Kichline, de dieciséis años y estudiante de tercer curso de secundaria, sufrió una parálisis. Comenzó un día en que tropezó sin motivo aparente y luego pareció tener grandes dificultades para levantar los pies. Cuando al día siguiente parecía tambalearse hacia adelante de una manera muy peculiar al caminar, sus padres, el pastor y la señora Kichline, estaban muy alarmados. Llamaron al médico a primera hora de la mañana, quien acudió inmediatamente, pero tras examinar al niño pareció muy desconcertado y no pudo hacer ningún diagnóstico. Durante las siguientes veinticuatro horas Richard empeoró rápidamente, hasta que al tercer día ya no podía levantarse de la cama; sus piernas estaban completamente paralizadas y la terrible enfermedad continuaba su obra mortal.

Los Kichline, que oraban para que el médico pudiera detener aquel espantoso suceso, se desesperaban al ver cómo la parálisis seguía avanzando por el cuerpo de su hijo. Pronto Richard no podía sostener ni siquiera una taza de té. Respiraba, como decía su madre, "sólo cada dos respiraciones", y había que alimentarlo y cuidarlo como a un bebé. Tras dos trágicas semanas de parálisis creciente, se realizó una consulta médica y Richard fue trasladado en ambulancia al Hospital Presbiteriano de Pittsburgh.

Su madre, Laura, se sentó a su lado de camino a Pittsburgh, mientras su padre iba delante en su propio coche. "Podía hablar", dijo Laura, "y su mente estaba tan clara como la nuestra, pero para entonces la parálisis se había extendido hasta el cuello. Estaba totalmente paralizado de cintura para abajo, y ahora lo estaba casi por completo de cintura para arriba".

Al día siguiente de su ingreso en el hospital, sus padres hablaron con el médico jefe y recibieron la trágica noticia: Richard era víctima de una mielitis transversa aguda, una forma de parálisis progresiva.

Esta terrible enfermedad se inicia en el cerebro, pero las manifestaciones externas se manifiestan primero en los pies. La enfermedad va ascendiendo hasta llegar a la cintura; entonces recorre el cuerpo hasta los órganos vitales situados por encima de la cintura. En la forma aguda de la enfermedad, como la que padeció Richard, la muerte puede sobrevenir rápidamente por la extensión de la enfermedad a las partes de la médula espinal conectadas con el corazón y los músculos de la respiración.

En previsión de tal contingencia, ya se había colocado un pulmón de acero por si Richard lo necesitaba. El reverendo y la señora Kichline se quedaron completamente atónitos cuando el médico les reveló la gravedad del estado de su hijo. Les pareció que todo su mundo había llegado a su fin en aquel momento.

Richard fue hijo único, concebido y gestado con grandes dificultades, años después del matrimonio de sus padres.

"Vino a nosotros", dijo Laura, "en respuesta a mi anhelo y a mi oración de que Dios me diera un hijo, pues de joven había sufrido un accidente y aparentemente no podía tener hijos. Finalmente, me operaron para que pudiera tener un bebé y recuerdo hasta hoy mi alegría cuando el cirujano me dijo: 'Ahora deberías poder tener el hijo que deseas'. Cinco años después nació Richard".

Su nacimiento fue la realización del sueño y el deseo más profundo de su madre. Nunca iba a poder tener otro hijo. Todas las esperanzas y aspiraciones de sus padres estaban depositadas en aquel muchacho de dieciséis años, ahora completamente paralizado y en grave peligro de una muerte súbita inevitable.

"¿Qué *hacemos?*", fue el grito angustiado de Laura al volverse hacia su marido tras recibir el veredicto médico.

Antes de que pudiera replicar, el sabio y bondadoso médico, al que hay que bendecir por su influencia cristiana, le respondió muy gentilmente: "Tendrás tiempo de sobra para orar".

Explicó entonces que Richard estaría hospitalizado durante la mayor parte del año, y que luego sería llevado al D.T. Watson Home de Leetsdale, Pennsylvania, para su rehabilitación. Los Kichline no supieron hasta más tarde que su hijo estaba destinado a ser parapléjico si llegaba a vivir, y esto nadie podía decirlo, pues era impredecible si el corazón escaparía o no a los estragos de la parálisis.

Laura Kichline era cristiana desde niña. A los dieciocho años había consagrado plenamente su vida al Señor para lo que Él quisiera que hiciera o fuera. Pero hasta unos meses antes de que su hijo enfermara, no había visto el poder milagroso de Dios para sanar cuerpos quebrantados.

Durante el mes de noviembre anterior, su marido había asistido a un servicio en el Carnegie Auditorium y, como dijo Laura: "Volvió a casa muy entusiasmado, lleno de alabanzas por el ministerio de la señorita Kuhlman, y comentó la maravillosa manera en que Dios la estaba utilizando". Por eso, cuando dos meses más tarde una joven amiga de Vandergrift fletó un autobús para ir al Carnegie Hall, Laura decidió acompañarla. Se sentó en el balcón durante el primer servicio al que había asistido y al principio se sintió muy desconcertada por lo que veía.

"Por supuesto, sabía que Dios había obrado maravillosamente en mi propia vida, pero nunca había visto Su poder obrando en los cuerpos de las personas como lo vi aquí. Hubo muchas sanidades maravillosas esa noche", continuó, "y me encontré orando con un fervor que nunca antes había conocido, por nuestra iglesia. Me emocioné muchísimo cuando sentí que un poder divino recorría mi cuerpo mientras estaba en el auditorio. Ahora estoy segura de que Dios me estaba preparando para el dolor, el desconcierto y la angustia que me esperaban".

Y ¡qué hermoso era que Él continuara preparando el camino! Una noche, mientras los Kichline hacían sus devocionales, sentados junto a la cama de su hijo enfermo, Laura abrió la Biblia. Sus ojos parecieron ser guiados hacia Lucas 1:37: "Porque para Dios no hay nada imposible".

"No podía apartar los ojos de aquellas palabras", recordaba, "era como si Dios me estuviera hablando de verdad, y recuerdo que dije y pensé *en voz alta:* '¿Hablas tú, Señor?'"

Así fue, pues esa noche Laura *creyó* con todo su corazón y toda su alma *en* esas palabras de la Escritura.

Como ella dijo: "¿No había visto milagros de sanidad realizados por el poder de Dios en el Auditorio Carnegie en los servicios de la Srta. Kuhlman? Yo sabía que no eran sanidades imaginarias. Eran reales. Realmente había visto el poder de Dios obrando en Su propia obra maestra, sin darme cuenta en ese momento de que en un futuro cercano en nuestro hogar necesitaríamos Su ayuda tan desesperadamente".

Aquella noche, Laura y su marido, clérigo, me escribieron para pedirme que orara por la sanidad de su hijo.

"La señorita Kuhlman sugirió", relataba Laura, "que nos pusiéramos de acuerdo en la oración sobre Juan 15:7: 'Si permanecéis en mí, y mis palabras permanecen en vosotros, pedid lo que queráis, y os será hecho'".

"Nos aferramos a esa promesa, con fuerza, reclamándola como nuestra", prosiguió, "y aunque no puedo demostrarlo, por fe asumo que, cuando empezamos a confiar de verdad en Dios y a apoyarnos en esa promesa, la parálisis se detuvo en el corazón de Richard".

Durante esos días Laura nunca se perdió una emisión de radio, y ayunaba con regularidad: "Porque había aprendido el valor del ayuno para las cosas espirituales", dijo, "cuando asistí al servicio y vi los resultados".

El reverendo Kichline también conocía bien el valor del ayuno, pero debido a una grave operación a la que se había sometido en febrero, se vio obligado a tratar de recuperar sus fuerzas físicas lo más rápidamente posible, unas fuerzas no sólo exigidas por sus obligaciones ministeriales, sino también por la enfermedad de Richard. Encontró consuelo en el hecho de que no podía ayunar durante este periodo, en las palabras: "Y que no te escondas de tu propia carne" (Isaías 58:7).

Mientras los Kichline oraban juntos por la curación de Richard, Laura escudriñaba diligentemente su corazón, sabiendo que "Si en mi corazón pienso iniquidad, el Señor no me oirá" (Salmos 66:18).

Hizo el voto de que si Dios consideraba oportuno responder a su oración, siempre le daría la gloria a Él.

Fue en la mañana de un día de finales de junio cuando Dios, a través de su Espíritu Santo, actuó en respuesta a muchas oraciones y a una gran fe. Richard yacía supino en la cama, como desde hacía semanas: Un peso muerto", como él mismo decía, "como el plomo". Los médicos comprobaban regularmente la sensibilidad de mi cuerpo de cintura para abajo, pinchándome con alfileres rectos, pero yo nunca había sentido nada".

Aquel día, que iba a ser el más trascendental de sus vidas, Laura había estado ayunando durante un periodo de tiempo inusualmente largo. Ella y muchos de sus amigos, también ayunantes, seguían su costumbre habitual de arrodillarse en oración por Richard mientras escuchaban la retransmisión.

Y a las 10:55 de la mañana sucedió. Con uno de los médicos de pie junto a su cama, el poder de resurrección de Dios se apoderó del cuerpo paralizado de Richard, y la vida comenzó a fluir en sus miembros y órganos.

"Sentí que el poder de Dios recorría todo mi cuerpo", recordaba Richard. "Empecé a temblar violenta e incontrolablemente. Supongo que duró cuatro o cinco minutos. Luego paró, y casi inmediatamente empecé a tener sensibilidad en las piernas".

"Al día siguiente —continuó Richard—, la electricidad volvió a golpearme exactamente a la misma hora: las 10.55 de la mañana".

"Pero usted sabe", sonrió, "yo no sabía *realmente* lo que había sucedido. Verá, nunca había asistido a un servicio de sanidad, y no fue hasta que empecé a asistir regularmente a las reuniones de la señorita Kuhlman después de mi sanidad, que me di cuenta de que había experimentado el poder de Dios en mi propio cuerpo".

En un plazo extraordinariamente breve, Richard salió del hospital y en septiembre regresó a la escuela como estudiante de último curso de bachillerato.

Se había empleado todo lo que la ciencia médica y la fisioterapia podían hacer; pero lo que ningún conocimiento y habilidad humanos podían lograr, el Creador de este muchacho podía hacerlo… y lo hizo.

Los médicos, fisioterapeutas y enfermeras más hábiles habían hecho todo lo posible, con esmero y cariño, pero los médicos iban a referirse a Richard Kichline como "el paciente que ha sido sanado por un poder superior".

La sanidad total de Richard no fue instantánea, pero cuando abandonó el hospital, habiendo aprendido de nuevo a andar con la ayuda de un andador, muchos de los que conocían su estado reconocieron que Dios sigue en Su trono, y que la era de los milagros no ha pasado.

Cuando el reverendo y la señora Kichline agradecieron a los médicos del Hospital Presbiteriano sus espléndidos esfuerzos en favor de su hijo, los facultativos respondieron con rapidez: "No nos lo agradezca a nosotros. Den gracias a Dios. Él lo hizo". Y los Kichline, más que nadie, sabían lo ciertas que eran estas palabras.

"La maravilla de todo esto sigue creciendo y creciendo", dijo la Sra. Kichline, "que Dios, en su infinita preocupación, pudiera preocuparse tanto como para enviar su poder curativo desde el cielo para satisfacer nuestras necesidades desesperadas".

En agradecimiento a su compasión, un pequeño grupo de cristianos comprometidos de diversas confesiones se reunió cada miércoles por la noche en la iglesia del pastor Kichline, para alabar a Dios y ofrecer oraciones por todos los que envían sus peticiones para cualquier necesidad.

Durante los años transcurridos desde la sanidad de Richard, Dios ha respondido a las fervientes oraciones de este grupo de cristianos consagrados, trayendo bendiciones incalculables a muchos de maneras demasiado numerosas para contarlas.

Y muchos de los que han acudido a estas reuniones han encontrado al Señor Jesucristo como su Salvador personal. Este sigue siendo, por supuesto, el mayor de todos los milagros.

Richard fue un testimonio vivo del poder de Dios. "Debido a su sanidad", afirmó Laura, "ha venido gente de otros estados, de cerca y de lejos, para asistir a los extraordinarios servicios de Kathryn Kuhlman. Allí aprendieron de primera mano lo que Dios *puede* hacer y hace".

El muchacho de dieciséis años se convirtió en un hombre de más de un metro ochenta y físicamente fuerte. No fue menos fuerte en su devoción y sentido de entrega a Dios. Trabajó en la Hillgreen Lane Organ Company en Alliance, Ohio, construyendo órganos de tubos, con cuya música el Nombre del Señor fue alabado por décadas en muchas iglesias.

> Oh, que canten mil lenguas
> La alabanza de mi gran Redentor;
> Las glorias de mi Dios y Rey,
> Los triunfos de su gracia.
> Escuchadle, sordos;
> Su alabanza, mudos,
> Tus lenguas sueltas emplean;
> Ciegos, ved venir a vuestro Salvador;
> Y saltad, cojos de alegría.
>
> —Charles Wesley

UNA NIÑA ORABA

Los Dolan

El sello estaba al revés. La letra -la de un niño muy pequeño- estaba hecha a lápiz. Todo lo que había en el sobre era: La Dama Predicadora, Pittsburgh.

Supe inmediatamente que la madre de ningún niño habría permitido que la carta pasara por el correo si hubiera visto el sobre.

La nota que había dentro había sido escrita por una niña pequeña, y era corta y directa. Me pedía que por favor orara para que Dios hiciera que su papá y su mamá no bebieran, y luego me invitaba a su casa por Navidad. La carta estaba firmada por Audrey y eso era todo EXCEPTO la posdata que decía: "Olvidé decirte dónde vivimos. Bájate del autobús y nuestra casa es la tercera casa blanca grande desde la esquina".

Me hizo tanta gracia la carta y el sobre que la leí en mi programa de radio, describiendo el sobre y el esfuerzo de impresión de la niña. Mientras leía toda la nota, incluida la posdata, poco me imaginaba que Ann Dolan, la madre de la niña, se encontraba casualmente en ese preciso momento escuchando en casa su radio.

Según me contó más tarde, se quedó sin habla al oír las palabras de la posdata en la radio: "Te bajas del autobús y nuestra casa es la tercera gran casa blanca de la esquina".

Ann recordaba ahora cómo, dos días antes, su hija se había peleado con el diccionario y, desesperada, había preguntado inocentemente a su madre cómo se deletrea SEÑORA PREDICADORA.

"¿Por qué quieres saberlo?", preguntó su madre. "Oh, sólo porque sí", fue la respuesta.

Presa del pánico, Ann corrió al colegio de Audrey para encontrarse con la niña a la hora de salida. Cuando Audrey salió, su madre la confrontó con la pregunta que más le rondaba por la cabeza: "¿Has invitado a la señorita Kuhlman a nuestra casa por Navidad?" La niña ni se inmutó. Mirando a su madre directamente a los ojos, respondió: "Sí".

Medio histérica, su madre preguntó: "¿Qué demonios esperas hacer con ella cuando venga?"

En tono firme llegó la respuesta: "¡Jugar con ella, por supuesto!"

En la mente de aquella preciosa niña había algo mucho más profundo que el mero deseo de jugar con la Dama Predicadora; lo que aquella niña realmente deseaba MÁS era un papá y una mamá en Navidad. Quería mucho a la abuela, tanto como cualquier niña podría querer a su abuela. Pero, de alguna manera, no importa lo maravillosa que sea la abuela, nunca podrá ocupar el lugar de una mamá y un papá.

La pequeña Audrey había sido criada en gran parte por su abuela, ya que su madre había estado ocupada con otras cosas, su vida social le quitaba tanto tiempo que estaba demasiado atareada como para ocuparse de una niña pequeña. Además, ¿qué se puede hacer con una niña pequeña en una coctelería?

Luego estaba su padre, que por supuesto quería a la pequeña Audrey, la quería mucho, pero a las niñas no se las lleva al

Sportsman's Club, y ¿qué se puede hacer con una niña cuando su madre y su padre no están en casa la mayor parte del tiempo?

Entonces llegó el día en que Audrey me oyó anunciar por la radio que el Servicio de Acción de Gracias se celebraría en la Mezquita de Siria. Muy ilusionada, le pidió a su madre que la llevara. Ann nunca había oído hablar de Kathryn Kuhlman, y no podría haberle importado menos, pero finalmente, para aplacar a la niña, accedió a llevarla.

Audrey enfermó antes de Acción de Gracias. Ann dejó a la niña con su abuela y estuvo fuera de casa tres días. Pero en el fondo quería a su hija. La había dejado enferma y le había hecho una promesa que, por una razón que no podía comprender, parecía significar mucho para la niña, así que regresó a casa a primera hora de la mañana de Acción de Gracias a tiempo para llevar a Audrey al servicio.

No pasó nada. Como Ann lo expresó en sus propias palabras: "Aparentemente no me tocó. Me pareció una tontería. Mi idea de la vida era vivirla, divertirme. Había pasado veinte años de mi vida entre la misma gente que tenía esa misma idea. Pero a la vista de lo que ocurrió más tarde", continuó, "creo que ese día me llegó la condena, aunque ciertamente no lo supe en aquel momento".

Luego llegaron las Navidades, la carta con el sello al revés, la invitación a la gran casa blanca, la tercera de la esquina.

Cuando no aparecí por Navidad en la "gran casa blanca", Audrey suplicó repetidamente a su madre que la llevara al servicio de velas de Nochebuena. Durante varios días, las súplicas de la niña cayeron en saco roto. ¿Pasar la Nochebuena en un servicio *religioso*? Ni hablar. "Además", recordó Ann, "tenía un gran compromiso en el Stork Club de Nueva York para esa noche. Había concertado la cita en agosto y no tenía intención de decepcionar a esa gente en su gran fiesta de Nochebuena. Ya había enviado mi ropa a Nueva York. Nada iba a detenerme".

"Y entonces", continuó, "Audrey volvió a pedírmelo al menos por vigésima vez, y hasta el día de hoy no sé qué ocurrió —sin duda debió de ser el Señor quien obró—, porque de repente llamé a Nueva York y cancelé las reservas que tenía desde hacía tiempo, y en su lugar hice reserva en uno de los autobuses fletados que iban al servicio de velas de Nochebuena".

Con una sonrisa, Ann continuó casi triunfante: "Me atrevo a decir que mi reserva fue la única cancelación en el Stork Club aquella Nochebuena".

Aquella tarde de Nochebuena hacía muy mal tiempo. Nevaba con fuerza, las calles estaban heladas y mucha gente se había quedado atrapada por la nieve. El taxi no pudo subir la colina hasta la casa de los Dolan, así que Ann bajó a duras penas por la nieve con Audrey, de siete años, que pataleaba extasiada a su lado, con el corazoncito latiéndole más fuerte que nunca y el cuerpecito vibrando de entusiasmo y expectación. Llegaron al autobús justo a tiempo.

Esta Nochebuena fue, sin duda, diferente a cualquier otra que Ann hubiera pasado; iba a ser la más trascendental de su vida, pues aquella noche entregó su corazón al Señor y su vida cambió para siempre.

"Ojalá pudiera estar en la montaña más alta y proclamar al mundo entero la gloriosa experiencia de nacer de nuevo", exclamó Ana con lágrimas de alegría brotando de sus ojos oscuros. "Pero es algo que uno debe experimentar, y no es algo que se pueda explicar plenamente a otro. Una cosa sé, Él da una nueva vida, a través del nuevo nacimiento".

Cristo no explicó el "cómo" a Nicodemo. El proceso es un misterio como se ve en Juan 3:8:

> "El viento sopla donde quiere, y oyes su sonido, pero no sabes de dónde viene ni a dónde va; así es todo el que ha nacido del Espíritu".

Aunque sus causas están ocultas, sus efectos son manifiestos. El Señor obra misteriosamente, pero sus resultados son definitivos.

"Yo, si fuere levantado de la tierra, atraeré a todos hacia mí". Y cuando, atado a su cruz, es levantado ante los ojos de los hombres, por algún extraño poder que desafía el análisis, muriendo les trae la vida; atado les trae la libertad; sufriendo los redime de la mayor angustia que el alma puede conocer, la agonía de la desesperación sin esperanza; y eternamente amoroso los desafía, y los reclama, y nunca los dejará ir hasta que los haga suyos para siempre.

Cuando el padre de la pequeña Audrey, Red Dolan, llegó de una fiesta en su club a eso de las 8 de la mañana, trajo baratijas para su hija, el tipo de cosas que siempre le habían hecho ilusión. Pero ese día a Audrey no le importaron los regalos. Era como si ya hubiera obtenido lo que quería del Señor. Pero tendría que pasar otro año antes de que obtuviera todo lo que quería de Él, ya que su padre tardó ese tiempo en aceptar a Cristo. Sin embargo, durante ese año, otro miembro de la familia Dolan iba a ser maravillosamente tocado y sanado por el poder de Dios: ¡el abuelo!

El padre de Ann había sido un borracho durante sesenta años. "Nunca recuerdo a mi padre sobrio", dijo Ann.

Era músico y a menudo pasaba fuera de casa tres o cuatro semanas seguidas. Al volver a casa, generalmente se encontraba tan mal que se quedaba tumbado en el césped delante del patio, incapaz de moverse. Cada vez que volvía, parecía que tardaba más en recuperar la sobriedad.

Antes de que Ann y Red se casaran, Red había intentado remediar la situación, pero el abuelo no podía o no quería cambiar de actitud. Todos los médicos de Carnegie, Pennsylvania, le conocían, le querían y trataban de ayudarle. Su veredicto fue unánime: ¡había que hacer algo por el abuelo!

Pocos meses después de la conversión de Ann, el abuelo tuvo la que sería su última borrachera.

Llevaba semanas bebiendo en exceso. La última vez que le habían visto, tenía el típico aspecto de vagabundo: una bota sobre un zapato, sin cordones, con la gorra sucia de alguien en la cabeza y sin gafas, por lo que no podía ver. Estaba tan borracho que los pantalones no se le sujetaban y había cogido un viejo trozo de cuerda para atárselos. La abuela, buscándole, bajó y le dijo a Ann: "Creo que papá está a punto de acabar. Llevo cinco días enteros sin verle. Estaba tan abatido cuando salió de casa que temo que se haya suicidado. Lleva días sin comer, bebiendo todo el tiempo".

Era sábado por la noche, y Ann contestó: "Mañana iré al servicio de la señorita Kuhlman. No te preocupes, madre, oraremos por papá. Tú quédate en casa y ora también por él".

La noche siguiente —y la siguiente— papá seguía sin volver a casa. La tercera noche, la madre de Ann bajó y dijo: "Creo que papá está en el granero".

Buscaron cuidadosamente por todo el granero, pero no pudieron encontrar ni rastro del abuelo. Como ya eran más de las nueve de la noche, Ann y Audrey volvieron a casa, orando por el camino. De repente, Audrey dijo: "Oigo algo que se acerca por la carretera".

Ann reconoció el sonido de los pasos de su padre, ese curioso sonido de arrastre que significaba que estaba demasiado débil para levantar los pies. Y entonces apareció por el recodo del camino.

El abuelo no parecía conocer ni a su hija ni a su nieta, pero Audrey se le acercó allí, en medio de la carretera, y le dijo: "Abuelo, te quiero; y tú no sabes cuánto te quiere Jesús".

El hombre estaba tan enfermo que no podía tenerse en pie. Todo lo que quería era dinero para un trago.

Entonces Ann dijo: "Papá, arrodillémonos aquí". Se arrodillaron todos juntos a un lado de la carretera y Ann oró muy sencillamente: "Señor, llévatelo. De la forma que quieras, llévatelo".

En ese instante, el abuelo se levantó de rodillas, subió la colina con una fuerza asombrosa, entró en la casa, se quitó la ropa, se bañó y se afeitó.

Cristo había entrado en su corazón, y el abuelo era una nueva criatura en Cristo Jesús: "Las cosas viejas pasaron, y he aquí todas son hechas nuevas".

Dos días después, el abuelo asistió al servicio religioso en el Carnegie Hall y reconoció públicamente a Cristo como su Salvador. Nunca más volvería a beber, ni siquiera a desearlo.

Mientras tanto, Red Dolan luchaba contra sus propias convicciones. Habían pasado meses desde la conversión de Ann y luego de su padre. A Red le parecía maravilloso que su esposa hubiera entregado su corazón al Señor. Maravilloso para ella, es decir, pero este tipo de cosas definitivamente no eran para él.

Dios siempre escucha las plegarias de las niñas.

Y entonces sucedió. Un día, de pie al final de un bar, habiendo pedido su bebida pero sin haberla tocado nunca, a Red Dolan le ocurrió algo que nunca pudo explicar del todo, y sin embargo fue la fuerza más poderosa que jamás se había apoderado de su persona.

De repente se vio a sí mismo como Dios lo veía, un pecador miserable, un miserable ofensor contra Dios; un hombre no digno del amor puro de una niña preciosa; un hombre que necesitaba ser limpiado de toda maldad, y que necesitaba ser liberado del poder del pecado.

Involuntariamente cayó de rodillas al final de la barra y en una sala de bar llena de hombres, gritó sin vergüenza: "Dios, ten piedad de mí, pecador".

Eso fue todo. Fue una oración corta pero provenía de un corazón sincero y penitente; provenía del corazón de un hombre que estaba enfermo de pecado; un hombre que quería ser liberado del poder del pecado; un hombre que quería la realidad de Cristo en su vida la experiencia que había tenido su hijita y la realidad de la persona de Jesús, tal como se reflejaba en la vida de Ann. Había visto lo que esa experiencia había hecho en la vida del abuelo, ¡y sabía que era real!

Él aseguró que no había más en su oración que eso, pero en ese momento, el milagro más grande que un ser humano puede conocer tuvo lugar. Red se convirtió en una nueva criatura en Cristo Jesús, y fue instantánea, completa y permanentemente liberado del licor.

Los Dolan tuvieron un nuevo hogar: un hogar cristiano que disfrutaron *juntos el resto de sus vidas*. Audrey tuvo nuevos padres, sus vidas dedicadas a Cristo. Con dos años como estudiante en el Instituto Carnegie de Tecnología, la fe de Audrey fue tan segura, tan sólida, tan sana y tan sencilla como cuando puso el sello en el sobre al revés, y escribió su primera carta a su *Señora Predicadora*.

ESTO ES DIOS; que en el balcón de un auditorio, una mujer se entregó al Señor, que al final de un camino rural, su padre lo aceptó; que en un bar abarrotado, su marido le entregó su corazón. Y todo porque una niña oró por amor a Jesús.

"¡UN VERDADERO MILAGRO!"

James McCutcheon

Levantando las radiografías y señalando con el lápiz, exclamó: "¡Un milagro, es todo lo que puedo decir! En todos mis años de práctica nunca había visto algo así: ha crecido un trozo de hueso donde antes no había. Este hueso está soportando tu peso, y por eso puedes caminar".

El orador fue durante mucho tiempo el médico personal de James McCutcheon. "Jim".

Unos días antes, Jim había pasado por su consulta para vacunarse contra la gripe. Como favor personal, el médico había pedido a Jim que le hiciera estas radiografías, a su costa. ¿Por qué? Porque su curiosidad científica se había apoderado de él. Familiarizado con el historial médico de Jim, habiendo estudiado cuidadosamente la serie anterior de radiografías hechas antes y después de las cinco operaciones infructuosas de Jim para corregir una cadera rota, el médico sabía que existía una separación ósea que hacía médicamente imposible que Jim caminara. Entonces, ¿cómo y por qué caminaba? Esto es lo que el médico tenía que saber.

Cuando ocurrió el accidente, Jim trabajaba como jefe de mecánicos en una obra en Lorain, Ohio. Estaban construyendo un patio ferroviario para un muelle de mineral, y Jim estaba preparando a un nuevo operario para la excavadora.

Eran las cuatro de una tarde de finales de octubre, hora de aparcar el equipo. Jim se paró en un travesaño del ferrocarril, haciendo señas al conductor y, o el inexperto conductor no vio la señal o la interpretó mal, porque dio una vuelta equivocada. El bulldozer golpeó el madero sobre el que estaba Jim. Salió volando, golpeándole en la pierna y lanzándole tres metros por los aires. Aterrizó con fuerza en el suelo, sobre la cadera derecha, y nadie sabe si el golpe del madero fue el causante del daño o la fuerza de la fuerte caída de un hombre de 95 kilos.

"Nunca me han dejado inconsciente en mi vida", dice Jim con una sonrisa, y ahora no estaba inconsciente. Se levantó, cogió una pala corta de un jornalero cercano y, utilizándola como bastón, caminó unos tres metros y luego se cayó. Esta vez no pudo levantarse y lo llevaron en camilla al hospital St. Joseph de Lorain. Allí descubrieron que la bola de su cadera estaba rota de forma cuadrada y limpia, "como si hubieras cogido una sierra y la hubieras cortado".

Dos días más tarde le escayolaron, y seis días después, el 6 de noviembre de 1947, le practicaron la primera de las cinco operaciones, cada una de las cuales parecía más dolorosa que la anterior.

Se introdujo en la parte superior del fémur (hueso del muslo) un tornillo roscado de cadmio, acero y plata, de cuatro pulgadas y media de largo y cinco dieciseisavos de pulgada de diámetro, a través de la bola rota de la cadera.

Jim estuvo en el hospital durante seis semanas llenas de dolor. Después regresó a Pittsburgh y, tras varias semanas de dolor incesante, acudió a su propio médico para que lo examinara. Le hicieron radiografías que revelaron que el tornillo de la cadera era demasiado largo y que el extremo sobresalía de la bola hacia la cavidad. Por tanto, cada vez que movía la pierna, el tornillo se clavaba profundamente en la cavidad. Además, las imágenes mostraban que los fragmentos de hueso no se habían unido: había una separación claramente perceptible entre el fémur y la bola de la cadera, y la descalcificación ya se había instalado en la bola rota.

El 19 de enero de 1948 fue el vigésimo quinto aniversario de la boda de los McCutcheon. Jim lo celebró ingresando en el Hospital Columbia de Pittsburgh para someterse a su segunda operación, en la que le insertaron un tornillo más corto.

Los rayos X mostraron que *el tornillo* no había alcanzado la bola rota. Tres semanas más tarde, se realizó una tercera operación y se insertó un tercer tornillo. Tampoco éste consiguió poner en relación los fragmentos rotos del hueso.

La cuarta operación de Jim, en marzo de 1948, consistió en retirar el tercer tornillo, que ya había empezado a aflojarse, y en enyesar al paciente con una escayola llamada "de pinchos", que le cubría todo el cuerpo excepto los dos brazos y una pierna. La escayola debía durar diez semanas, pero se dobló a los pocos días y los médicos la retiraron.

Jim seguía sin poder andar. Sufría dolores continuos e intensos y le preocupaba mucho cuándo podría volver a trabajar y si podría hacerlo.

Los médicos ya habían confirmado que, según sus últimas radiografías, *podía* moverse mejor de lo que lo hacía.

Pero era la cadera de Jim y sabía que no podía apoyarse en la pierna derecha, que no soportaría peso alguno. A Jim le pareció demasiado obvio que lo que había estado mal desde el principio *seguía* estando mal.

De repente, se dio cuenta de que las últimas radiografías sólo se le habían hecho en decúbito prono. Llamó la atención de su médico y pidió que le hicieran más radiografías estando de pie. Así se hizo, y Jim estaba en lo cierto: cuando estaba de pie, la misma separación era claramente visible; seguía sin haber conexión entre la parte superior del fémur y la cavidad de la cadera.

En agosto de 1948 se sometió a la que fue su última operación, esta vez en el Hospital General Allegheny de Pittsburgh. En esta ocasión, el médico, en lugar de reabrir la vieja incisión del lateral de la cadera, hizo una nueva incisión en la parte delantera de la cadera. Se cortó un trozo de hueso de la parte superior del fémur y se colocó directamente sobre la rotura, asegurándolo con un clavo.

A continuación, volvieron a enyesar a Jim durante diez semanas, y esta vez *permaneció* diez semanas.

Al final, esta operación de injerto óseo resultó infructuosa, debido a la descalcificación. El hueso, sencillamente, no tejía.

Para entonces Jim estaba desesperado. Diez meses de dolores incesantes y agudos; cinco operaciones, y no sólo no estaba mejor, sino peor que antes de la primera intervención quirúrgica, a causa de la descalcificación progresiva.

Fue mientras visitaba a su marido en el Hospital General de Allegheny cuando Alma se fijó en los servicios. Todos los días, de camino al hospital, pasaba por delante del Carnegie Hall en tranvía, veía la multitud y oía los cantos.

Su curiosidad se despertó y un día se detuvo en el auditorio de camino al hospital. Ya era una cristiana comprometida y una mujer de gran fe, por lo que sabía de qué se trataba. Posteriormente envió varias peticiones de oración, desconocidas para Jim, ya que, como él dice, "yo pertenecía a una iglesia, pero no era muy cristiano, y Alma sabía que yo no creía en la sanidad divina".

Los médicos le habían dicho a Jim que su única esperanza consistía en sustituir por completo la bola rota de la cadera por una artificial de plástico y plata.

Esta sexta operación ya estaba programada, cuando la hermana de Alma, en cuya casa vivían entonces los McCutcheon, se unió a Alma para rogar a Jim que fuera a un servicio. Jim asintió a medias. "Un día de estos iremos", prometió.

Pero cuando se lo pensó mejor, decidió que si iba a ir era mejor que fuera pronto, antes de que tuviera que ingresar en el hospital para su próxima operación.

"Estaba tan desanimado por el dolor y las perspectivas de otra operación que podría fracasar, como todas las anteriores, que estaba dispuesto a probar cualquier cosa, incluso uno de estos servicios", dijo con una sonrisa.

Y así, a la semana siguiente, acudió solo a su primera reunión en el Carnegie Hall.

Incapaz de permanecer de pie ni siquiera dos minutos sin apoyo, ahora utilizaba un pesado bastón en lugar de las más engorrosas muletas, pero incluso con esta ayuda, estar de pie durante cualquier periodo de tiempo le causaba un agudo malestar. Ese día estuvo de pie tres horas esperando a que se abrieran las puertas y, cuando por fin entró en la sala, se encontró con que todos los asientos estaban ocupados. Agotado, desanimado y muy dolorido, regresó a casa y le contó a su mujer lo sucedido.

A la semana siguiente, su cuñada se ofreció a llevarle y él aceptó su ofrecimiento. Esta vez, para estar seguros, fueron armados con sillas plegables. "Entré por la puerta con un bastón grande y pesado en una mano y la silla plegable en la otra", recuerda Jim, "y lo primero que supe fue que estaba sentado en el andén. Nunca sabré cómo llegué allí. Me debieron de llevar y empujar junto con la multitud".

Jim había sido un fumador empedernido durante treinta y cinco años y, antes de que empezara la reunión, bajó a la sala de caballeros a fumarse un cigarrillo. No sabe decir exactamente por qué, pero después del servicio dejó su paquete de cigarrillos y nunca volvió a fumar.

"Fue algo curioso", dijo, "porque la señorita Kuhlman nunca dijo ni una palabra sobre fumar, ni en un sentido ni en otro".

Jim no sabía qué pensar del servicio. Nunca había visto nada igual, y lo observó como un mero espectador, sin entender mucho de qué se trataba.

Su hija mayor casada, que había estado escuchando regularmente las emisiones, estaba especialmente deseosa de ir al Carnegie Hall a un servicio, así que la semana siguiente fue con ella mientras Alma cuidaba de los niños.

Esta vez se sentaron en el fondo de la sala. De repente, en medio del servicio, "me invadió un gran calor", contó Jim. "Sentía como si hubiera un fuego bajo mi silla, y el sudor me salía a chorros".

Su hija tenía la mano sobre su rodilla, y dijo al recordarlo: "Olas de electricidad parecían ir de su pierna a mi brazo".

Lo primero que supo Jim, y para su total asombro, fue que su bastón estaba guardado bajo el asiento y él estaba de pie y en el pasillo, con su hija a su lado. Sin dudarlo ni temerlo, caminó sin ayuda por el pasillo hasta el andén. Sin vacilar, subió los altos escalones hasta el andén.

"Cuando llegué allí arriba la señorita Kuhlman me dijo que levantara la pierna en alto y zapateara. Lo hice, ¡y lo he estado haciendo desde entonces!"

Fue el 5 de noviembre de 1949. Desde ese día Jim no usó más su bastón ni tuvo ningún problema en la cadera o la pierna. Podía correr y saltar, y demostrar la fuerza de su pierna derecha manteniéndose de pie sobre ella con una sola pierna, de modo que soportaba todo el peso de sus más de 90 kilos. La única prueba de que alguna vez tuvo algún problema es que caminaba con una ligera cojera.

Aquel día de 1949 entregó su corazón al Señor, y con su testimonio ha llevado a muchos a Cristo; entre los primeros, a su propio sobrino.

Cuando llegó a casa esa noche, todavía estaba casi incrédulo por lo que había sucedido. Su mujer estaba menos sorprendida, pues conocía desde hacía tiempo el poder de Dios para sanar, pero no menos alegre. La familia se reunió para celebrar y dar gracias. Se preparó un banquete de gala, pues acababa de abrirse la temporada de caza y el yerno de Jim acababa de llegar a casa cargado de piezas de caza menor.

El sobrino de Jim era, de todos ellos, quizá el más atónito ante lo que había sucedido: atónito no sólo al ver a su tío *caminar,* sino ante el restablecimiento instantáneo del músculo en la pierna tanto tiempo inutilizada.

No paraba de palparlo y decía: "Mira qué músculos has desarrollado de repente".

Durante las semanas siguientes, bajaba al primer piso, al apartamento de su tío, y con una expresión de perplejidad en el rostro, palpaba la pierna de Jim. Gracias a la maravilla de su sanidad, iba a entregar su corazón a Jesús antes de que pasara demasiado tiempo.

Jim empezó a trabajar inmediatamente para una empresa de reparación de automóviles hasta 1956, año en que pasó a trabajar para la empresa para la que había trabajado en el momento de su accidente. Más tarde, la empresa quebró y Jim volvió a dedicarse a la reparación de automóviles. Trabajó el resto de su vida como mecánico. "Hago un trabajo duro", decía. "Hay muy pocos de mi edad que puedan trabajar como yo, y después de estar ocho horas al día en el taller, me voy a casa y hago trabajos pesados allí también.

Lo último que hice, por ejemplo, fue poner escalones de cemento en la parte de atrás, y yo mismo hice toda la excavación".

Jim trabajaba cinco días a la semana, menos los viernes. Es el día del Servicio Milagroso, el día de la semana en que se sanó. Todos los viernes, pasase lo que pasase, Jim hacía de ujier en los servicios del Carnegie Hall.

Desde su sanidad en 1949 y hasta 1960, Jim nunca se molestó en volver al médico para que le hiciera más radiografías. "Sabía que estaba sanado y eso me bastaba. No necesitaba que me lo confirmaran", decía.

Pero sabiendo que los incrédulos exigen pruebas científicas, se procuró un juego completo de radiografías que mostraban imágenes del antes y el después de cada operación. No fue hasta 1960, cuando fue a vacunarse contra la gripe, cuando obtuvo las imágenes finales, que mostraban el trozo de hueso nuevo que había crecido completamente sobre la hendidura entre la bola de la cadera y la parte superior del hueso del muslo, soldando así los fragmentos antes separados en un trozo de hueso fuerte y sólido. Este es el hueso que ahora, y aparentemente desde el momento de su curación, ha soportado su peso.

"El Señor tuvo que ponerlo ahí", dijo Jim, "no había otra manera". Y con esto está rotundamente de acuerdo su cirujano. "Esto es verdaderamente un milagro", fueron sus palabras.

Jim, un hombre grande, robusto y corpulento, se enorgullecía de que nada, ni siquiera la caída que sufrió en el accidente, le haya dejado inconsciente.

"Pero eso no es del todo cierto", dijo con una sonrisa tiempo después. "¡Lo que debería haber dicho es que nunca me han noqueado en mi vida si no es por el poder del Señor!"

20

“¡POR FAVOR, DÉJENLO CAMINAR!”

El caso Crider

La madre sostenía en brazos a su bebé, que tenía los pies como palillos de tambor, y pensaba en suicidarse. Sabía exactamente cómo iba a hacerlo: se arrojaría a sí misma y a su bebé debajo de un tranvía en marcha. No podía dejar que su hijo fuera lisiado por la vida. Había visto a tantos niños deformes e indefensos que la sola idea de que su propio hijo viviera en esas condiciones era más de lo que podía soportar.

Desde que Jean tenía uso de razón, había deseado tener hijos, y esperaba tener un niño y una niña. Después de que Nancy naciera seis años antes, Jean oró para tener pronto un hijo. Cinco años más tarde, cuando se encontró de nuevo embarazada, elevó una oración espontánea: “¡Oh Señor, que sea un niño!”

Cuando llegó el momento del parto, esta oración seguía en sus labios y en su corazón, y parecía que su copa de felicidad estaba llena, cuando apenas saliendo del éter, oyó a su marido decir: “Tienes a tu hijito, cariño”. Y entonces sólo una madre puede comprender plenamente cuáles fueron los sentimientos, las emociones, la conmoción tanto para la mente como para el cuerpo, cuando con toda la profundidad de la pérdida que había en su ser con toda la ternura que cualquier hombre ha sentido jamás, con su propio espíritu tan aplastado que apenas podía hablar, Elmer Crider tomó la mano de su esposa y suavemente le dijo la verdad. Había algo terriblemente malo en uno de los pies del bebé.

Cuando la enfermera entró en la habitación de Jean unos minutos más tarde, se dio cuenta de la situación de un vistazo. "¿Se lo has dicho?", le dijo a Elmer. Ante el asentimiento de éste, salió de la habitación y, poco después, el propio médico trajo al bebé a la paciente.

"Retiré la manta protectora", recuerda Jean, "miré su piecito y me quise morir. ¿Por qué, Señor?", pregunté, "¿no podría haber sido yo en su lugar?"

El diminuto pie del bebé estaba girado hacia atrás hasta que los dedos tocaban el talón, y donde debería haber habido hueso, sólo había carne.

"¿Qué se puede hacer por él?", fue la primera pregunta agónica de Jean. "Tendremos que ponerle una férula", dijo.

"¿Podrá caminar algún día; se pondrá bien?" preguntó Jean.

"Bueno" —respondió el médico—, "tendremos que ver. Una cosa así lleva su tiempo, ya sabe".

Dos días después le pusieron la férula al bebé. "Tenía un aspecto tan lamentable", dice Jean, "que me eché a llorar cuando lo miré. No sabía qué hacer. 'Tráigamelo cuando tenga cuatro semanas'", me dijo el médico, "'y entonces veremos cómo están las cosas'".

Cuando Jean salió del hospital con el pequeño Ronnie, no se fue a casa alegrándose de tener un hijo perfecto. Se fue a casa como la madre desconsolada de un tullido probablemente sin esperanza.

A las tres semanas, Elmer volvió a llevar al bebé al médico, que seguía sin pronunciarse.

Cuando Ronnie tenía cinco semanas, su madre lo llevó a una tercera visita. El médico le quitó la férula, que ya se le había quedado pequeña. "No se lo ponga", le dijo, "hasta que a los seis meses empiece a levantarse solo en la cuna".

El contraste entre las dos piernecitas era patético: una tan regordeta y fuerte y la otra tan lastimosamente delgada y, a estas alturas, tan débil.

Jean recibió instrucciones del médico sobre el tratamiento fisioterapéutico que debía seguir, y en su casa se dedicó a masajear la piernecita y el pie, pero con escasos resultados, pues donde debía haber hueso sólo había carne, y el pie seguía girado hacia atrás.

"Ten cuidado", advirtió el médico. "No dejes que ejerza presión alguna sobre la pierna. No dejes que empuje contra ti, ni contra su cochecito o cuna, porque el pie se le volverá a romper".

Ronnie ya era extremadamente activo, y lo único que Jean podía pensar era: "¿Qué voy a hacer con él para asegurarme de que nunca se ejerza presión sobre este pie?"

Ronnie era un bebé precioso: sensible, robusto e inusualmente guapo, con una sonrisa completamente cautivadora. Arrullaba y gorjeaba a todo el que veía, y los desconocidos se acercaban a Jean cada vez que lo sacaba a pasear para hablar con Ronnie y felicitar a su madre por su precioso hijo. Jean siempre sonreía, pero sus ojos se clavaban en las mantas que invariablemente cubrían su pierna lisiada. Sonreía y se le partía el corazón.

Jean siempre recordó la última vez que llevó a Ronnie al médico.

Ronnie ya tenía cinco meses. Además del pie zambo, la piernecita era considerablemente más corta que la otra normal.

"Cuando empiece a levantarse", dijo el médico aquel día, "pasaremos a la operación. La operación afectará a la cadera y al pie. Una pierna será inevitablemente más corta que la otra, pero al menos podrá *andar*".

Jean miró al precioso bebé que yacía en la camilla. ¿Caminar? Sí, tal vez, pero nunca a correr, nunca a jugar al fútbol o al béisbol, nunca a ser como los demás niños. "Nadie sabrá nunca cómo me sentí aquel día", confió Jean. "Cuando salí del edificio Jenkins Arcade con Ronnie en brazos, quería protegerlo más que nada en el mundo. Me sentía tan indefensa. Veía cómo iba por la vida como un tullido, herido y desconcertado cuando sus amigos se burlaban de él. Y sabía que era impotente para salvarlo de todo esto".

Ese fue el día en que Jean planeó arrojarse con él delante de un tranvía. Lo único que le impedía hacerlo era pensar en su Nancy de seis años en casa. ¿Qué sería de ella? ¿Quién cuidaría de *ella* sin una madre?

"Supongo que en realidad era Dios hablando a mi corazón", dijo Jean. "Me impidió realizar lo que yo pensaba que quería hacer aquella tarde".

Durante años Jean había escuchado todas las mañanas el programa de Arthur Godfrey mientras realizaba su trabajo, pero por alguna razón extraordinaria que entonces no podía entender (aunque luego sí) la mañana siguiente a su visita al médico cambió la emisora de su radio y "de repente, oí una voz: '¿ME HAS ESTADO ESPERANDO?' decía".

"Me detuve en seco y respondí en voz alta: 'Sí, lo he hecho'. La voz que oí era la de Kathryn Kuhlman". Era la primera vez que Jean oía la emisión. Era un jueves o un viernes, y se anunciaba un servicio para esa tarde. No lo pensó dos veces. Preparó a Nancy y abrigó a Ronnie, teniendo especial cuidado, como siempre, de que las mantas que cubrían sus piernas estuvieran bien sujetas para que no pudieran soltarse, y todos partieron hacia el Carnegie Hall. Se sentaron en un rincón del balcón, rodeados de gente que, según dijo Jean tiempo después, nunca había sabido que existiera: gente que asistía al servicio no sólo porque buscaba ayuda para sí misma, sino también porque quería compartir las cargas de los demás.

"Todo el mundo armó un gran alboroto por Ronnie", recordaba, "y yo sólo podía pensar: 'si pudieran verle el pie y la pierna'".

Jean volvió a casa inspirada y eufórica por lo que había visto y sentido aquella tarde en el Carnegie Auditorium. Estaba indescriptiblemente emocionada por haber sido testigo de algo que era totalmente nuevo para ella: el poder de Dios en acción.

Cuando Elmer volvió del trabajo aquella tarde, Jean le recibió en la puerta rebosante de felicidad y esperanza. Su marido no la había visto así desde que nació el pequeño Ronnie.

Ella le habló del servicio y le pidió permiso para escribir una petición de oración por la curación de su hijo pequeño. La respuesta de Elmer fue instantánea: "Claro, adelante", dijo, "¡hagámoslo juntos ahora mismo!"

Así que se sentaron juntos y redactaron la petición. Nunca antes habían hecho algo así, y no sabían muy bien cómo hacerlo. Pero cuando terminaron, se sintieron impulsados a arrodillarse juntos y orar sobre ella, pidiendo ayuda a Dios.

Inmediatamente después, Elmer salió con la carta y la envió por correo.

A partir de ese momento, todas las mañanas Jean se arrodillaba durante la emisión. Se arrodillaba junto a Ronnie, sosteniendo en sus manos su pequeña pierna lisiada y su pie torcido. "Y cada vez", dice Jean, "podía sentir cómo su pierna y su pie se movían y saltaban cuando el poder de Dios realmente los atravesaba".

Jean dice que aprendió cosas que nunca antes había sabido mientras escuchaba.

Había asistido a la escuela dominical, e incluso había enseñado en ella, pero nunca antes había sido realmente consciente de sus propios pecados. Ahora, cuando escuchaba el programa cada mañana, sabía que tenía que perdonar sus pecados. "Un día, en la cocina de mi casa, me arrodillé y confesé todos mis pecados a Dios. Poco a poco, dejé de beber y de fumar. Entregué mi vida a Dios y le dije que haría todo lo que Él quisiera de mí. Juré darle a Él la alabanza y toda la gloria, pasara lo que pasara".

Ronnie mejoraba cada vez más. Cuando tenía alrededor de un año, podía ponerse de pie, pero su pierna seguía torcida. Jean seguía orando, confiada en que su sanidad pronto sería completa. Sin embargo, mientras oraba, sus ojos se desviaban constantemente hacia la pierna tullida de Ronnie, como esperando ver cómo se producía el milagro.

Fue Elmer quien, con notable perspicacia, le dijo: "Tal vez estás haciendo las cosas mal. Quizá deberías dejar de *mirarle la* pierna todo el tiempo que estás orando. Actúas como si estuvieras cuestionando la promesa de Dios de sanar; como si le estuvieras *retando* a que se dé prisa; como si tal vez temieras que no lo haga. Me parece que deberías pensar y *creer* que la pierna ya está curada. La Biblia dice: "Todo lo que pidiereis orando, creed que lo recibiréis, y os vendrá" (Marcos 11:24).

Sin saberlo, Elmer había descubierto, y expresado a su esposa, dos preceptos básicos de la sanidad divina: *creer* que ya está hecho, incluso mientras oras, y centrar tu atención no en la dolencia, sino en Jesucristo.

Jean escuchó a su marido y, como ella misma dijo, "entonces vi que tenía razón, así que me entregué a Dios y oré: 'Oh Dios, por favor, quítame el *miedo* a que la pierna *no esté* curada'".

Al día siguiente durante la transmisión, Jean escuchó atentamente cada palabra que yo tenía que decir durante mi pequeña charla de corazón a corazón, y seguramente fui guiada por el Espíritu Santo para hablarle a esa preciosa madre, porque una y otra vez enfaticé el hecho de que el miedo era uno de los mayores enemigos que un individuo podía tener en su vida. Hice hincapié en el hecho de que perdemos nuestro miedo fijando nuestra atención, no en la cosa a temer sino en Cristo que es nuestra liberación del temor.

Sin saber que allí, en la cocina de su casa, había una madre que estaba pendiente de cada palabra que yo decía, continué:

"Aparta tus ojos de las circunstancias; aparta tus ojos de las condiciones; aparta tus ojos de la aflicción y fija tus ojos en Jesús, porque en el corazón de tu fe hay una persona, el mismísimo Hijo del Dios viviente, cuyo poder es más grande que cualquier enemigo al que te enfrentes; más grande que las circunstancias; más grande que los problemas de tu vida".

En un instante, Jean Crider tomó a su hijo en brazos y lo dejó solo en un rincón de la habitación. De rodillas, con los ojos puestos en Dios y no en su bebé, con los ojos puestos en Cristo y no en su pobre pie deforme, levantó la vista y oró: "Señor, por favor, déjale andar. Por favor, que sus primeros pasos sean rectos y fuertes". Cuando se levantó de sus rodillas, miró a Ronnie. Sin pensarlo, le tendió los brazos. Y el milagro se hizo realidad. Caminó hacia ella perfectamente, con piernas y pies fuertes y rectos, y esas piernecitas han permanecido fuertes y rectas por el resto de la vida de Ronnie. Eso, amados, es el poder de Dios en acción, eso es el poder de Dios, liberado en respuesta a la fe incondicional.

La sanidad de Ronnie se produjo en 1952. A los diez años Ronnie era el corredor más rápido de su clase en la escuela. Años más tarde le pregunté qué quería ser cuando fuera un hombre, y contestó rápidamente: "¡Un acomodador en los servicios de Kathryn Kuhlman!" Allí mismo le prometí un trabajo en cuanto tuviera edad suficiente.

En toda mi experiencia no recuerdo un niño que fuera más consciente de la misericordia de Dios en su sanidad; un joven con una mayor comprensión de las verdades espirituales; ninguno más profundamente agradecido por dos buenas piernas y dos buenos pies. Es como si Dios hubiera ungido a este niño con una visión muy definida de las cosas espirituales cuando en Su tierna misericordia enderezó el pequeño pie zambo.

La familia Crider sabía poco de las cosas de Dios cuando Ronnie nació. Pero luego del milagro, pudieron vivir vidas de cristianos completamente comprometidos, cuyo primer pensamiento fue siempre de Dios, y cuya ambición primaria fue glorificarlo en sus vidas.

Han aprendido que hay un PODER que el hombre puede esgrimir cuando la ayuda mortal es vana; que hay un amor que nunca falla cuando la fuerza humana cede: ese poder es la ORACIÓN por medio de Jesucristo el Señor, y ese AMOR es Dios mismo, la Mano que mueve el mundo para ayudar a un alma sola.

¡PERRITOS CALIENTES Y CEBOLLAS!

Harry Stephenson

"¡Perritos calientes y cebollas; *nunca he* probado nada tan bueno en toda mi vida!"

Me volví hacia el hombre y le dije: "¿Quieres decirme que, sin haber comido nada en absoluto durante treinta días, y sin poder siquiera tomar agua, comiste *salchichas* y *cebollas*? Eso es suficiente para matar a una persona *sana*".

"Sí, señora. Me comí tres perritos calientes y todo lo que los acompañaba. Tenía hambre y mucho espacio que llenar. Recuerdo que mi mujer me miró y me dijo: 'No sé cómo demonios puedes hacerlo después de todo lo que has pasado. Ahora sé con certeza que el Señor te ha curado de verdad'".

Esas palabras procedían de Harry Stephenson, que había sido enviado a casa desde el hospital para morir de cáncer de intestino y estómago. El revestimiento de su estómago había sido completamente devorado por el tumor maligno.

Al principio se le diagnosticó una úlcera nerviosa de estómago. Se le administraron todos los tratamientos posibles para corregir la afección, pero ésta siguió empeorando y, a medida que aumentaban sus molestias físicas y se debilitaba, le resultaba cada vez más difícil continuar con su extenuante trabajo de instalador de vapores en la acería.

La enfermedad de Harry había sido larga. Empleado apreciado y veterano de la Carnegie Steel Company de Duquesne, Pennsylvania, durante once años había pasado la mayor parte de su tiempo libre en consultas médicas. Nadie podía decir que le faltara una buena atención médica, ya que en total, a lo largo de esos años, había consultado a unos veintiocho médicos.

Finalmente, cinco años después de la aparición de la enfermedad que ningún tratamiento médico había aliviado hasta entonces, su doctor instó a hospitalizarlo. Rellenó los papeles necesarios y Harry ingresó en el Veterans Administration Hospital de Aspinwall, Pennsylvania. Tras exhaustivas pruebas de laboratorio, se le administró un nuevo tratamiento y medicación en un intento de formar un revestimiento para su estómago, ya que a estas alturas el revestimiento natural se había erosionado por completo.

Después de que los médicos hubieran hecho todo lo científicamente posible, Harry salió del hospital no mejor que cuando había entrado y, durante los tres años siguientes, su salud empeoró con alarmante rapidez. En un estado espantoso, fue hospitalizado por segunda vez.

Harry Stephenson era ahora un espectro, una mera sombra de lo que había sido. Antes fue un hombre grande y fornido, que pesaba alrededor de 86 kilos. Ahora pesaba sólo 52 kilos.

A pesar de los analgésicos que tomaba, sufría fuertes dolores continuos. Durante algún tiempo, su único alimento había sido un vaso ocasional de leche de cabra. Ahora ni siquiera podía retener agua en el estómago, y el líquido necesario para mantener la vida lo obtenía chupando hielo.

Se volvieron a realizar numerosas pruebas de laboratorio, incluido el examen de muestras de tejido. Por fin, sobre la base de estas pruebas, se hizo un diagnóstico firme, y la noticia era tan mala como podría ser: cáncer inoperable de estómago e intestinos.

Los diez médicos de la junta directiva del Hospital de Veteranos* *(* Sus expedientes están archivados en este hospital)* no se anduvieron con rodeos. Le dijeron a Harry exactamente cuál era la situación: que habían hecho por él todo lo que era médicamente posible hacer por cualquier ser humano, pero que, en su opinión, su estado era desesperado. Le sugirieron que fuera al hospital oncológico de Nueva York, con la esperanza de que allí se pudiera hacer algo por él.

Así fue dado de alta del hospital de Pennsylvania dándole, los médicos, aproximadamente un mes de vida. Demasiado enfermo para viajar, y con plena confianza en los médicos que le habían atendido en Aspinwall, ni siquiera se planteó el viaje a Nueva York. Si iba a morir, quería hacerlo en casa.

Cada día de las tres semanas siguientes parecía más tortuoso que el anterior. El dolor se había vuelto insoportable, y era insensible a las dosis cada vez mayores de morfina que tomaba. El olor característico de algunos cánceres terminales se había vuelto tan nauseabundo que Harry era incapaz, no sólo de dormir en el mismo dormitorio con su esposa, sino incluso en el mismo piso con otros miembros de su familia. Se vio obligado a dormir en un catre militar que le prestó un amigo y que colocaron abajo, en el extremo de la casa.

La familia Stephenson estaba desesperada. Su hija, Audrey, que se había salvado a una edad temprana, había estado orando desesperadamente por la salvación y la sanidad de su padre. El último miércoles, Harry estaba en peor estado que nunca. Gritaba como un animal con un dolor que ningún medicamento podía aliviar. Su esposa, asustada, intentó en vano llegar al hospital de veteranos. Sabía que allí estaban mejor equipados para ayudarle que ella en casa. Pero no pudo llegar al hospital.

"Ahora nos damos cuenta", dijo Harry al momento de contar su historia, "de que fue el propio Espíritu Santo quien impidió que esa llamada se completara, porque fue ese mismo día cuando una amiga nuestra, que es enfermera y sabía desde el principio que yo tenía cáncer, vino a visitarnos".

Fue esta enfermera quien habló a los Stephenson de los servicios de Kathryn Kuhlman y del poder de Dios para sanar.

"¿Por qué no le envías un telegrama, Mildred?", preguntó a la señora Stephenson, "¡y le pides que ore por Harry!"

Los Stephenson nunca habían oído las emisiones de radio; nunca habían asistido a un servicio; de hecho, ni siquiera habían oído el nombre de Kathryn Kuhlman antes de esto. Eran francamente escépticos.

"Bueno", dijo la enfermera, "has probado todo lo demás, y nada puede ayudar a Harry ahora en la forma de tratamiento médico. ¿Por qué no pruebas esto?"

Al día siguiente, jueves, se envió el telegrama.

"El viernes", dijo Harry, con el rostro radiante al recordarlo, "resultó ser el día más bendito de mi vida. Fue el día de mi renacimiento, de mi vida en Cristo y de la promesa de la vida eterna".

Aquella mañana el dolor era casi intolerable. Estaba tumbado en el sofá del porche, escuchando la radio. Mildred estaba en la cocina y Audrey estaba arriba orando por él.

"Entonces", recordó, "oí en el aire la voz de Kathryn Kuhlman llamándome por mi nombre en ferviente oración".

Apenas consciente de lo que hacía, Harry empezó a orar con ella: "Querido Señor, ten piedad de mí. Perdóname todo lo que he hecho mal durante toda mi vida". En un gesto inconsciente de súplica, extendió la mano e imploró: "Déjame ser uno de los que toques hoy". "De repente, el poder del Espíritu Santo vino sobre mí, y el dolor se fue al instante y por completo", recordaba Harry. "Empecé a temblar, a sollozar y a gritar. Mi mujer y mi hija no conocían la obra del Espíritu Santo y les di un susto de muerte".

Ambos creían que Harry Stephenson se estaba muriendo. Su hija, que era maestra de escuela, subió a su dormitorio, cogió su Biblia y se puso a orar. Mildred, presa del pánico, quiso llamar inmediatamente a un médico, pero Harry se lo impidió.

No identificó de inmediato lo que le sucedía como obra del Espíritu Santo, pues nunca antes lo había experimentado. Pero sabía que ya no tenía dolor y que no se estaba muriendo. Sentía que le estaba sucediendo algo maravilloso, y así era; no sólo estaba recibiendo la sanidad de Dios para su cuerpo físico, sino que se estaba produciendo un milagro mucho mayor: la salvación de su alma.

"Y entonces", dijo, "oí a la señorita Kuhlman decir: Coman en el nombre de Jesús". Harry se quedó atónito. ¿Comer? ¿Comer todo lo que quisiera después de su larga y gradual inanición, y después de treinta días en los que nada, ni siquiera el agua, se había mantenido en el estómago?

Cuando dejó de temblar y la energía abandonó su cuerpo, Harry se volvió hacia su mujer y le dijo: "Mildred, tengo un hambre atroz. Por favor, prepárame algo de comer". En respuesta a su sorprendido "¡¿QUÉ?!", él dijo: "Sí, ¿y sabes lo que quiero? Unos *huevos fritos*". "Así que fueron huevos fritos".

Harry estaba tan débil que apenas podía andar, pero se levantó del sofá y se dirigió penosamente a la cocina, donde se sentó a la mesa por primera vez en muchas semanas. Tomó una taza de té, una tostada y dos huevos fritos. Se quedaron sentados y, como dijo Harry con una sonrisa: "¡Creía que nunca había probado nada tan bueno en toda mi vida!"

Cuando aquella noche, a la hora de cenar, su mujer le preguntó qué le apetecía comer, él contestó: "¡Perritos calientes con cebolla y toda la guarnición, y me muero de hambre! Será mejor que me hagas tres". Así lo hizo, y él se los comió todos.

"Si los huevos fritos ya me parecían buenos, ¡esos perritos calientes eran de otro mundo!", dijo con una sonrisa.

Mildred se quedó mirándole asombrada. "¿*Cómo es* que de repente puedes comer así?", le preguntó. La respuesta de Harry fue sencilla:

"Porque el Señor me tocó", dijo.

Hacía exactamente veintiún días que había sido dado de alta del hospital de la Administración de Veteranos para morir. Los vecinos estaban asombrados por su sanidad, pero había una persona entre los que conocían a Harry que posiblemente era la más estupefacta de todos.

Tres días después de su sanidad, Harry estaba delante de su casa lavando el coche cuando pasó uno de los médicos que le habían dicho que no podría vivir más de un mes al salir del hospital.

"No podría pretender describir la expresión de la cara de ese hombre cuando me vio", sonrió Harry. "Se puso blanco como una sábana y me miró tan fijamente que casi destrozó su coche".

El médico detuvo el coche, salió y se acercó a Harry. "¿Qué demonios te ha *pasado*?", jadeó. Cuando Harry le dijo que era obra de Dios, el médico se quedó pensativo y luego asintió. "Sí", dijo, "tenía que serlo, porque nada ni nadie, excepto Dios, podría haberte ayudado".

Harry recuperó el peso perdido; de hecho, antes de que pasara mucho tiempo pesaba 89 kilos, y tuvo que reducirlo, ¡ya que tenía dificultades para trepar en su trabajo!

Desde su sanidad, Harry no tuvo, como él decía, "ni siquiera un dolor de cabeza". "Desde aquel día", dice, "no he tenido que ir al doctor. La única vez que lo veo es cuando tengo que ir al médico de la empresa para que me examine en el trabajo. Además, desde ese día, ¡me he comido todo lo que me han puesto en la mesa!"

Bien conocido en el valle donde ha vivido y trabajado durante tanto tiempo, decenas de personas fueron testigos personales de la maravilla de lo que podría llamarse la resurrección de este hombre. Su aspecto de renovada salud y vitalidad se convirtió en un testimonio vivo y contundente del amor y el poder de Dios.

Como decía Harry, ser curado cuando se estaba al borde de la muerte "era algo grande y glorioso".

"Pero aún mayor", aclaraba, "fue darme cuenta de que mi alma se había salvado del pecado al mismo tiempo que mi cuerpo se sanaba del cáncer. Después de muchos años de fumar, beber, decir palabrotas y cualquier otro pecado posible, cambié instantáneamente, me convertí en una nueva criatura en Cristo. A partir de ese momento, mi único deseo fue servirle con todo mi ser". Y siguió haciéndolo el resto de su vida.

A través de sus testimonios personales y de su vida transformada, Harry ha llevado a muchos a Cristo, incluida toda su familia.

La historia de Harry Stephenson es la historia de un milagro. Es una amplia prueba de que yo, Kathryn Kuhlman, no tengo nada que ver con estas sanidades, porque este hombre nunca me había visto, y ni siquiera estaba en el auditorio cuando fue tocado por Jesús.

Este es el poder de Dios. No podemos analizar a Dios, sólo podemos aceptarlo y recibir con gratitud Su maravilloso poder en nuestras vidas, dándole toda la alabanza y la gloria por siempre.

En nuestros tribunales de justicia, los casos de gran importancia a menudo se deciden únicamente sobre la base de testimonios. El testimonio de un testigo reputado y competente se tiene invariablemente en cuenta, y los tribunales, conocedores de su gran valor, no dudan en aceptarlo.

Los milagros obrados por Cristo y por el poder del Espíritu Santo nos resultan creíbles no sólo por testimonios fidedignos, no sólo por testigos fidedignos, sino también por pruebas circunstanciales intachables contenidas en historiales médicos detallados.

¿En qué se basa, pues, la afirmación de que los milagros no son creíbles? ¿No están respaldados por testimonios?

¿Los testigos no son competentes o dignos de confianza? ¿Hay que negar las pruebas circunstanciales de innumerables historiales médicos?

Se trata de milagros de tal naturaleza que admiten pruebas tanto de testimonios humanos como de pruebas circunstanciales. Eran tan públicos que llamaban la atención, y eran de tal naturaleza que excluían la posibilidad de engaño y decepción.

Habrán observado que todas las sanidades registradas en este libro se remontan a varios años atrás. Podríamos haberles hablado de sanidades que se produjeron recientemente, pero hemos optado por relatar milagros de larga data, con un propósito definido: a saber, refutar cualquier idea de que tales curaciones son de naturaleza histérica y, por lo tanto, no resisten la prueba del tiempo.

¡AQUELLOS A QUIENES DIOS CURA, PERMANECEN CURADOS!

George Speedy

Era el servicio del Día de Acción de Gracias y estaba esperando para subir al estrado, cuando un ujier me trajo una orquídea, diciendo que un caballero le había pedido que me la trajera para llevarla durante el servicio.

Abrí la tarjeta adjunta y leí: "En agradecimiento por lo que has hecho por mí: Speedy".

Me coloqué la flor, subí al estrado y anuncié el primer himno. Tras el canto, detuve el servicio, leí la tarjeta a la congregación y pedí a la persona que la había enviado que se acercara.

Por el pasillo venía un hombre de unos cuarenta años, con la cara radiante. Cuando estaba ante mí, le dije: "Speedy, me atrevo a decir que es la primera orquídea que compra en su vida". La respuesta no se hizo esperar: "No sólo la primera orquídea, señorita Kuhlman, sino la primera *flor*. Pero, ¿sabe?", continuó con una sonrisa, "durante meses los taberneros de

Warren, Ohio, pensaron que me dedicaba al negocio de las flores. Verá, yo trabajaba para una empresa de bóvedas, repartiendo bóvedas a los cementerios, y me llevaba las flores frescas que yacían en las tumbas nuevas. Luego hacía la ronda por las tabernas, suministrándoles flores frescas a cambio de mis bebidas".

George Speedy no empezó siendo alcohólico, ¿alguien lo es?

Como la mayoría de los jóvenes, bebía por diversión y por la sensación de confianza que le daba, pero empezó un poco antes que la mayoría. "A los ocho años", cuenta, "salía al garaje y vaciaba las botellas de whisky de mi padre, o tomaba sidra del barril de mi abuelo". Cuando Speedy tenía catorce años, la familia se trasladó a Warren, Ohio, donde pronto hizo nuevos amigos que, como él, pensaban que era un gran deporte conseguir una botella de vino o brandy siempre que podían.

A los veinte años, cuando se casó, iba camino de convertirse en un alcohólico, y a menudo se jactaba de que era capaz de emborrachar a la mayoría de los hombres, pero como era joven y fuerte, con un sano apetito por la buena comida, nadie adivinó que ya estaba en el camino de su propia destrucción.

Él y su joven esposa, Kay, estaban muy enamorados, y él trabajó con constancia durante bastante tiempo después de su matrimonio, aunque como ella dice: "Rara vez veía dinero. Sólo teníamos lo estrictamente necesario. El resto se iba en bebida".

Cuando el día de paga era cada dos semanas, las cosas no iban tan mal, pero entonces Speedy consiguió un trabajo en el que le pagaban cada semana, así que cada cinco días perdía dos: el día de paga, en el que lo celebraba, y el día siguiente, en el que se le pasaba la borrachera. Pero a pesar de su alcoholismo, George Speedy era un excelente trabajador en cualquier empleo que desempeñara, y por ello su patrón le daba una oportunidad tras otra. En el fondo era un buen hombre, siempre dispuesto a ayudar a un amigo necesitado, pero le molestaba cualquier crítica a su forma de beber, insistiendo en que no perjudicaba a nadie más que a sí mismo. Se negaba rotundamente a ver lo que estaba perjudicando a su matrimonio.

Como decía su mujer: "Nuestra vida familiar se convirtió en un infierno. Antes de que se acabara, Speedy volvía a casa borracho noche tras noche, mezquino y pendenciero, y los niños llegaron a tenerle tanto miedo que más de una vez comentaron que deseaban que no volviera nunca a casa".

Su dinero se acababa mucho antes del día de paga, pues las borracheras de fin de semana ya no eran suficientes; su consumo de alcohol se había convertido en un asunto de todas las noches.

Finalmente, empezó a entrar por la puerta principal del taller mecánico en el que trabajaba, marcaba la hora en el reloj y atravesaba el edificio y salía por la puerta de atrás hasta una taberna situada justo al otro lado de las vías para tomarse uno o dos tragos con los que pasar el día. Luego volvía a entrar y se ponía a trabajar. Trabajaba rápido y bien a pesar de haber bebido tanto, y si su jefe sabía de su paseo matutino diario, nunca lo reconocía.

Llegó un punto en el que no podía dormir por la noche si no sabía que le quedaba suficiente para tomarse un buen trago por la mañana. Muchas veces se encontraba tan mal por la mañana que la bebida no le duraba, pero con las manos tan temblorosas que apenas podía sostener un trago pequeño en un vaso grande sin derramarlo, seguía intentándolo hasta que por fin conseguía retener el whisky. Su necesidad de alcohol fue aumentando gradualmente, hasta que llegó el momento en que necesitaba un trago cada dos horas.

Speedy aprendió rápido y bien todos los trabajos a los que se enfrentó, pero en el fondo era inseguro y siempre temía desesperadamente no dar la talla. Era un círculo vicioso. Perdía trabajos porque bebía, y su consumo de alcohol aumentaba a medida que disminuía su confianza en sí mismo.

Fue mientras trabajaba para una empresa lechera cuando empezaron a manifestarse los primeros síntomas de su deterioro mental. A menudo, tumbado en el sofá, alargaba la mano para acariciar a un perro que no estaba allí. Su forma de conducir se volvió errática, y recuerda cómo en una ocasión sintió un impulso casi incontrolable de saltar de su camión lechero, y tuvo que agarrar con fuerza el volante y forzar el pensamiento de su mente para abstenerse de saltar. Esa misma noche entró en su casa, aparentemente sobrio, y pidió ver a su madre. Llevaba quince años muerta.

Su personalidad empezó a sufrir un cambio drástico. Se volvió contra la gente que antes le caía bien e insultaba a todos los que iban a su casa, hasta que finalmente no fue nadie más, ni siquiera sus propios parientes.

Una noche, Speedy se levantó de la mesa, acusó a su hijastro Bill, de quince años, de mirarle de un modo extraño y empezó a golpearle con ambos puños. Bill corrió escaleras arriba perseguido por su padre, y Kay se interpuso entre ellos. Speedy la agarró por el cuello y empezó a asfixiarla. "Tenía los ojos fijos", recuerda, "y sé que ni siquiera me vio. En lugar de forcejear, me dejé llevar y él finalmente me soltó, pero no antes de haberme dejado sin aliento".

Este episodio asustó a Speedy tanto como a su mujer, y por fin pareció dispuesto a buscar ayuda.

Acudiendo a la Cruz Roja que le había ayudado mientras estuvo en el servicio, le aconsejaron que se internara en el Hospital Receptor de Youngstown, Ohio.

No fue hasta que estuvo dentro del edificio cuando se dio cuenta de que estaba en un hospital psiquiátrico.

Enfurecido por estar retenido allí, se impuso al mejor juicio de Kay para conseguir su liberación. Al cabo de cinco semanas lo regresaron a su casa, en contra de la recomendación urgente de su psiquiatra, que advirtió que su estado era grave y su alcoholismo probablemente incurable.

Kay no tardó en darse cuenta de su error. "Si antes pensaba que era malo", decía, "no había visto nada hasta ahora". Speedy salía a trabajar mañana tras mañana, y sólo llegaba hasta la primera taberna. Volvía a casa más tarde, ciego y borracho. Todas las noches me rogaba que le diera otra oportunidad, y todas las mañanas le preparaba el almuerzo, sólo para que lo tirara y volviera a casa tambaleándose. Pronto perdió su trabajo y tuvimos que acudir al Socorro para Soldados en busca de ayuda".

Un asistente social intentó desesperada pero infructuosamente sacar a Speedy adelante. Le atendió un conocido médico de Warren que trabajó con él mucho tiempo, pero finalmente lo dio por perdido.

Probó con Alcohólicos Anónimos y a través de esta organización consiguió un trabajo en una empresa siderúrgica, donde su jefe era miembro de AA, pero allí no tardó en desmoronarse por completo. Pidiendo a gritos a sus amigos del trabajo que lo sujetaran, finalmente lo llevaron al hospital de AA con D.T.

La estancia máxima permitida en esta institución era de cinco días, ya que el hospital sólo existe con el propósito de secar al paciente y conseguir que se recupere. El Hospital de la Administración de Veteranos ya no lo admitiría a menos que su esposa le diera libertad condicional a través del tribunal, de modo que no pudiera salir una vez fichado.

Por primera vez, George Speedy pareció reconocer plenamente la desesperación de su situación, y accedió de buen grado a la sugerencia de su esposa y su hermana de que fuera a Pittsburgh para someterse a la cura Keeley contra el alcoholismo.

Bebió todo el camino hasta Pittsburgh, donde su hermana, que vivía allí, se reunió con él. Lo llevó directamente al médico del Hospital Shadyside para que le hiciera el examen médico que siempre es necesario antes de tomar la cura. El médico le informó de que se encontraba en las últimas fases del alcoholismo, su estado era tan desesperado que no podía esperar sobrevivir a la cura.

A pesar de las violentas protestas de Speedy, pues llevaba dos horas sin beber alcohol y le apetecía un trago, lo ingresaron inmediatamente en el hospital Shadyside y lo metieron en la cama. Dos horas más tarde, la enfermera que hacía su ronda encontró la cama vacía. Se dio la alarma y finalmente se encontró a Speedy deambulando por la planta superior en bata de hospital, sufriendo alucinaciones. Le volvieron a meter en su cama, pero ya se había vuelto completamente loco.

Estaba atado a la cama del hospital, con correas de cuero en los tobillos, la cintura y las muñecas. Completamente fuera de sí, fue tan violento y tiró con tanta fuerza de las correas que éstas se clavaron profundamente en su carne hasta hacerle sangrar.

"Hasta ese momento", decía Speedy, "siempre pensé que lo que se decía de que la gente tenía T.D. y veía serpientes era sólo un cuento, pero créeme, es verdad, y las serpientes son absolutamente reales para ti cuando las ves".

"Aquella noche vi aquellas serpientes, que me mordían las muñecas y los tobillos y me hacían sangrar. Recuerdo que grité para que alguien me las quitara y nadie me hizo caso".

Durante seis días, Speedy permaneció atado. Recordaba con horror cómo le parecía estar viviendo en una franja de tierra entre dos ríos con un alto acantilado a cada lado. Las serpientes salían continuamente de los ríos, mordiéndole, mientras Satanás, negro como la medianoche, estaba de pie en un acantilado riendo diabólicamente, y en el otro se sentaban muchas personas, todas en bancos como si estuvieran en la iglesia. No hablaban ni se movían, sólo miraban.

"Lloré, maldije y supliqué que alguien me ayudara", relataba Speedy, "pero el diablo seguía riéndose, y la 'gente de la iglesia' seguía sentada y mirando".

Esta secuencia, que se prolongó durante mucho tiempo, fue la más aterradora de todas sus experiencias. Cuando por fin le dieron el alta, se sintió perdido y completamente sin esperanza, pues lejos de estar curado, ahora estaba clasificado como definitivamente incurable, y le advirtieron de que si volvía a beber, le costaría la vida.

Estaba impaciente por salir, no para ver a su familia, sino para tomarse una copa. Media hora después de salir del hospital, estaba en una taberna.

Durante la semana siguiente, en su casa, se mostró extremadamente temeroso y profundamente melancólico.

Durante uno de sus ataques de melancolía, había estado mucho tiempo en el piso de arriba, tanto que su mujer subió a investigar. Lo encontró sentado en el borde de la cama, con la cabeza entre las manos, y enseguida se dio cuenta de que la escopeta había desaparecido del rincón junto a la cama.

No se atrevió a hacerle saber lo aterrorizada que se sentía, pero se sentó a su lado, hablando en voz baja y frotándole tranquilamente los brazos con una mano mientras tanteaba debajo de la cama con la otra.

Su mano tocó la pistola y empezó a sacarla lentamente mientras seguía hablándole y dándole palmaditas en el brazo, hasta que le convenció para que se tumbara. Cuando se quedó quieto y con los ojos cerrados, Kay cogió la pistola, sosteniéndola horizontalmente contra el costado opuesto al suyo para que no la viera si abría los ojos. Todo el tiempo oraba en silencio para poder bajar las escaleras antes de que él la echara de menos.

En cuanto estuvo a salvo, quitó el cerrojo y lo escondió, y justo a tiempo, porque un segundo después Speedy bajó tambaleándose.

Rogó y suplicó que le dieran el cerrojo, porque sentía que iba a entrar de nuevo en el D.T. y dijo que prefería morir ahora antes que volver a pasar por eso. Buscó y buscó el cerrojo, pero nunca lo encontró. Durante días llevó dos cartuchos de escopeta en el bolsillo, sin dejar de pedir y buscar el cerrojo.

"Más de una noche", recordaba su mujer, "me obligó a atarle las manos a la cama, estaba tan seguro de que se iba a volver loco otra vez, y tan temeroso de lo que pudiera hacer".

La vida parecía presentar un panorama desesperadamente sombrío para los Speedy. El marido, un alcohólico sin remedio y peligroso; la salud de su mujer muy dañada por los años de tensión nerviosa que había padecido; sin dinero, salvo el cheque de Ayuda a los Soldados, y sin nadie a quien pudieran pedir ayuda.

La familia de Kay había hecho todo lo posible, pero su paciencia había llegado a su fin, y la instaban a dejar a su marido, pero Kay aún lo amaba y sencillamente no podía abandonarlo. ¿Qué sería de él si ella se marchaba? Sus padres habían muerto; su hermana y su hermano tenían miedo de tenerlo en casa; y la única recomendación del médico era internarlo permanentemente. El golpe final pareció asestado cuando incluso su pastor se negó a ir a verle nunca más.

"Sólo quedaba el Señor para ayudarme", dijo Kay, "y casi parecía como si hiciera oídos sordos".

Y luego aceptó un trabajo a tiempo parcial, dos o tres horas al día cuidando a una ancianita lisiada por la artritis. Kay no sabía que este trabajo iba a ser, en un sentido muy real, un trampolín para la salvación de Speedy.

"¿Has escuchado alguna vez a Kathryn Kuhlman en la radio?", preguntó la señorita Minor desde su silla de ruedas, el primer día que Kay se presentó a trabajar.

"No", dijo Kay, mientras la pregunta le entraba por un oído y le salía por el otro.

Pero cada día, con la regularidad de un reloj llegaba la misma pregunta: "¿Escuchaste a Kathryn hoy?"

"Me cansé tanto de decir que no, que decidí escuchar para poder decir que sí, para variar", dice Kay. "*¡Y qué cambio!* Su programa me cayó como un rayo".

La primera vez que lo escuchó, oyó el testimonio de un ex alcohólico y, por primera vez en años, volvió a sentir verdadera esperanza. Si Cristo había liberado a alguien como Speedy, tal vez —sólo tal vez— Speedy también podría ser ayudado.

Con una fe renovada y cada vez mayor, ahora escuchaba el programa todos los días, de rodillas durante las emisiones. Por aquel entonces, los Speedy se mudaron a un sótano tapado que habían construido los padres de Kay, con la intención de construir una casa en el lugar, a cinco millas de la ciudad.

Había agua y electricidad y un fregadero en el sótano, y eso era todo —sin tabiques ni otras cañerías—, pero no pagaban alquiler y estaban agradecidos por tener un lugar donde vivir.

Kay esperaba que vivir en el campo ayudara a Speedy, ya que sin coche le resultaría difícil llegar a la ciudad y a un bar, pero de algún modo siempre se las arreglaba, a veces caminando ocho kilómetros y a menudo haciendo autostop.

Nadie parecía saber de dónde sacaba el dinero para las copas después de llegar allí, porque siempre tenía suficiente para un par y luego alguien le invitaba a unas cuantas más. Había llegado a tal punto que la mayor parte del tiempo estaba medio atontado. Los temblores eran tan fuertes que apenas podía sostener un vaso o una taza. Prácticamente no comía nada y empezaba cada día con una bebida de vinagre crudo o extracto de vainilla.

Kay estaba al borde de un ataque de nervios y lo único que la mantenía en pie eran las emisiones religiosas. Una noche, enferma y agotada, llegó al límite de sus fuerzas. Sus oraciones habían sido inútiles: por alguna razón, Dios no la ayudaba. "Esa noche decidí que tenía que dejar a Speedy, olvidarme de Dios y buscarme la vida", dice. "*Y entonces las palabras de Cristo fueron tan claras, que parecía que había hablado en voz alta: '¿Y qué haréis cuando vengan los problemas? Pues llegarán. Nada ha cambiado, y no puedes olvidar a Speedy en su desesperada necesidad simplemente alejándote. ¿A quién pedirás ayuda entonces?*"

Sus palabras eran todo lo que Kay necesitaba.

"Sin su fuerza", dijo, "sabía que no podría haber sobrevivido ni un solo día a la pesadilla que había sido mi vida durante tanto tiempo. Aquella noche tomé la decisión de confiar en Él hasta el final, y en ese mismo momento le entregué a Speedy en cuerpo y alma, prometiéndole que no volvería a pelear con él por su forma de beber, sino que sería lo más amable y comprensiva posible, y que dejaría todo lo demás en manos de Dios".

"Eso debía de ser lo que el Señor estaba esperando que hiciera", continuó, "porque al día siguiente se produjo el testimonio en el programa de radio de Kathryn que iba a conducir indirectamente a la conversión de Speedy".

El testimonio fue el de cuatro alcohólicos de una sola vez, todos los cuales habían sido liberados al instante del licor, y eran de Warren, a pocos kilómetros de donde vivían los Speedy.

Kay estaba tan emocionada que se desmayó, agarrando lápiz y papel para anotar sus nombres y números de teléfono. En cinco minutos estaba hablando con uno de ellos: Paul Winyard. ¡Cómo oraba ahora para conseguir que Speedy fuera a ver a Paul! Su oración fue escuchada, porque, sorprendentemente, Speedy aceptó ir esa misma tarde. El viaje le tomó cuatro horas, enfrentándose a la tentación de las tabernas en el camino, pero finalmente llegó, un poco peor por el desgaste, pero aún así listo para escuchar lo que Paul tenía que decir. Esa noche, los cuatro hombres de Warren salieron y le contaron a Speedy sus experiencias. Fue algo emocionante de escuchar y Speedy dijo: "Si el Señor hizo eso por ustedes, tal vez hay esperanza para mí". Esto fue el viernes por la noche, y el siguiente servicio era el domingo. Speedy aceptó con entusiasmo ir.

Al día siguiente, sábado, se fue de copas todo el día. Parecía desalentador, pero finalmente regresó a casa a última hora de la noche del sábado, muy borracho, pero con la intención de ir al servicio a la mañana siguiente.

El domingo se levantó temprano, con una terrible resaca y temblando como una hoja, pero listo para partir cuando los hombres de Warren lo llamaron, bien armado con alcohol amoniacal por si lo necesitaba.

Debido a la gran afluencia de público, habían ido temprano para asegurarse de conseguir asiento, así que tuvieron que esperar una hora antes de que empezara el servicio. Speedy estaba muy inquieto y no paraba de salir, pero cada vez que se levantaba, uno de la "pandilla" se levantaba e iba con él para asegurarse de que no se largaba definitivamente.

Y entonces comenzó el servicio.

"Cuando me llamaste al altar, quise salir corriendo por la puerta de atrás", contaba Speedy. "Estaba muy mal, temblaba tanto que apenas podía mantenerme en pie. Recuerda que tenía que beber cada dos horas para poder seguir en pie. Llevaba más de tres horas en el auditorio sin beber nada. Me estaba cayendo a pedazos y no tenía mucha fe en que me fuera a pasar nada. Y entonces pensé: 'Para esto he venido, y es ahora o nunca, mi única oportunidad'".

Así que Speedy, con la cabeza colgando como de costumbre, se dirigió a la parte delantera del Salón con tres mil personas mirando (y él nunca soportaba las multitudes).

"Me sentía muy pequeño", recordaba. "Cuando me dijiste que me arrodillara, lo hice. Y oraste conmigo, y fue una oración muy intensa, algo que sentí más que oí. Y yo también oré, y le pedí al Señor que me perdonara. Recuerdo cómo me golpeabas en los hombros mientras orabas, enfatizando cada palabra mientras el sudor caía sobre mí como una lluvia".

"Fue la primera vez en mi vida", continuó Speedy, "que sentí que me habían quitado un gran peso de encima. En cuanto me levanté de mis rodillas, supe que algo había ocurrido. Sabía que nunca más querría volver a beber, que había sido liberado".

Así fue, desde ese momento.

Cuando se levantó, parecía otra persona. Mantenía la cabeza alta; su rostro estaba tranquilo y la alegría brillaba en sus ojos. Había dejado de temblar. Fue una reunión muy larga, que duró casi seis horas, y cuando se sirvió la Santa Cena a aquella multitud de más de tres mil personas, Speedy estaba sentado con su vasito de zumo de uva lleno casi hasta el borde, con la mano tan firme que no derramó ni una gota. Era el mismo hombre que durante tanto tiempo había tenido que poner su sorbo en el fondo de un vaso de agua para evitar que se derramara.

Este era el hombre que había entrado en D.T. en Shadyside después de menos de tres horas sin beber. Este era el hombre del que los médicos decían que entraría en D.T. violentos si se le retirara de repente todo el alcohol.

Este era el hombre, su cuerpo irremediablemente destrozado, su cerebro gravemente dañado por el alcohol, que ahora estaba erguido y libre, ahora heredero de Dios y coheredero con Cristo Jesús, instantánea y completamente liberado del licor.

Su condición mental estaba completamente curada, su cuerpo físico totalmente restaurado; y parecía veinte años más joven que cuando se había arrodillado unos minutos antes, pidiendo perdón al Señor. Esto es lo que el Hijo del Dios viviente hace por un hombre o una mujer: éste es el resultado del mayor poder del cielo y de la tierra.

"El Señor sabía que tenía que librarme del alcohol", dijo Speedy, "porque yo no tenía fuerza de voluntad propia. Si no me hubiera quitado el deseo, nunca lo habría conseguido".

Los Speedy vivieron el resto de sus vidas dedicados a Dios buscando glorificarlo en todo lo que hacen.

Aquellos a quienes Dios sana, *quedan* sanados, y desde aquel día, Speedy no tuvo la menor necesidad ni el menor deseo de beber; ni se le ocurriría defraudar al Señor tomando una copa. Pocos meses después de su liberación, Speedy se había ganado el amor de sus hijos y el respeto y la admiración de todos los que le conocieron.

También se había ganado su *confianza, y* su calificación crediticia, que había sido cero, pasó a ser A-1, como descubrió cuando fueron a comprar su casa y el banco comprobó sus antecedentes. Durante un tiempo, sus posibilidades de obtener un préstamo parecieron realmente escasas. Y entonces, un funcionario del banco, que lo sabía todo sobre Speedy y su conversión, se levantó y respondió por él.

"Es difícil describir lo mucho que significa", decía Speedy, "tener el respeto y la confianza de tus semejantes cuando nunca antes los has tenido".

Dondequiera que trabajaba como albañil, desde Ohio a Florida o Dakota del Sur, era muy querido y hacía un trabajo superlativamente bueno.

Uno de sus trabajos había sido en la construcción de un emplazamiento de misiles en Dakota del Sur, un trabajo que conlleva gran responsabilidad y fiabilidad. Durante la labor, Speedy y su mujer vivieron en la casa-jardín del senador de Dakota del Sur, E.C. Murray, haciendo trabajos de jardinería y muchas otras tareas para el senador, a cambio de su alquiler.

Posiblemente, el momento de mayor orgullo de Speedy fue cuando el senador escribió: "George es siempre un caballero, y no sólo es de fiar, sino que tiene una considerable capacidad para hacer casi cualquier cosa. Nos caen muy bien él y su mujer, y esperamos que consideren oportuno seguir con nosotros durante algún tiempo".

Speedy estaba orgulloso de esta carta, sí, pero ni por un momento olvidaba a quién se debe todo el mérito.

El mayor milagro del mundo es la transformación de una vida, cuando, literalmente, "si alguno está en Cristo, nueva criatura es; las cosas viejas pasaron; he aquí todas son hechas nuevas" (2 Corintios 5:17).

Los químicos de la Gulf Oil Company son capaces de convertir el residuo negro, sucio, mugriento y apestoso de la refinería en parafina pura, blanca y transparente: es el ingenio del hombre unido al poder de la ciencia.

Pero ni el hombre ni la ciencia pueden tomar un corazón humano ennegrecido por el pecado y volverlo limpio y puro;

el hombre no puede tomar un carácter humano manchado y ensuciado por la contaminación de Satanás, y transformar esa vida en un poderoso instrumento para la justicia. Se necesita un poder divino; ¡se necesita a Dios para hacer esa transformación!

El medio ambiente, el poder de la mente, el poder de la voluntad... todos pueden hacer maravillas, hasta donde sean capaces de llegar, pero sólo pueden llegar hasta ahí, y no más allá.

Ningún poder del hombre, y ningún hombre que sea alcohólico, tiene suficiente poder de voluntad lo suficientemente fuerte como para dejar de beber instantáneamente —sin ningún deseo de licor a partir de entonces— ¡una liberación instantánea y permanente!

La ciencia médica también verificaría el hecho de que si el cuerpo humano ha estado saturado de alcohol durante años, dejarlo instantáneamente podría ser un choque tan fuerte para el sistema humano, que el cuerpo no podría soportarlo. Es por eso que cuando uno toma la "cura" es usualmente un proceso de disminución. Sin embargo Dios puede tomar a un hombre y darle a ese hombre una sanidad espiritual, donde experimentara una liberación instantánea, y realmente ser una "nueva persona en Cristo Jesús!

Se necesita alguien que sea más que un hombre para redimir así a la humanidad. Trata de explicar esa maravillosa transformación del carácter humano aparte del poderoso poder del Espíritu Santo; trata de explicar esa liberación aparte del poder milagroso de Jesucristo, y haces violencia a la razón, y viertes desprecio sobre el nombre y la persona de Cristo que los salvó.

¿CUÁL ES LA CLAVE?

Un *escaso* conocimiento y un exceso de celo siempre tienden a ser perjudiciales. En el ámbito de las verdades religiosas, puede ser desastroso.

No hace mucho, una persona bienintencionada pintó mi retrato al óleo. Para el artista era una obra maestra, pero nuestro locutor de radio, que casualmente estaba en la oficina mientras yo desenvolvía el cuadro, echó un vistazo y, a su manera tranquila, comentó: "¡Un exceso de buenas intenciones, pero nada de talento!"

A menudo soy propensa a reaccionar exactamente de la misma manera ante los que tienen tanto que decir sobre la fe, los que profesan ser autoridades en la materia, los que afirman tener todas las respuestas sobre la sanidad por la fe, hasta el punto de juzgar a los que no consiguen recibir la sanidad de la mano dadivosa de Dios.

Al principio de mi ministerio, estaba muy preocupada por muchas cosas que observaba en el campo de la sanidad divina. Me sentí confundida por muchos de los métodos que vi empleados, y disgustada por las actuaciones imprudentes que presencié, ninguna de las cuales podía asociar de ninguna manera con la acción del Espíritu Santo o, de hecho, con la naturaleza misma de Dios.

Con demasiada frecuencia había visto a personas patéticamente enfermas que arrastraban sus cuerpos cansados y debilitados a casa después de un servicio de sanidad, tras habérseles dicho que no habían sido sanadas simplemente por su propia falta de fe. Me dolía el corazón por esas personas, pues sabía cómo luchaban, día tras día, tratando desesperadamente de obtener más fe, sacando la que tenían y tratando de analizarla, en un esfuerzo desesperado por descubrir su deficiencia, que presumiblemente les impedía acceder al poder sanador de Dios. Y conocía la inevitabilidad de su derrota, porque, sin darse cuenta, se miraban a sí mismos, en lugar de mirar a Dios.

Pero, ¿cuál *era* la respuesta? Una y otra vez me preguntaba: ¿por qué unos se curaban y otros no? ¿No había bálsamo en Galaad?

¿Era la fe algo que uno podía fabricar o crear en sí mismo? ¿Era algo que se podía obtener a través de la propia bondad o estatus moral? ¿Era algo que se podía obtener a cambio de servir al Señor, o a través de la benevolencia? Sabía que Dios no podía mentir, porque lo había prometido; sabía en mi propio corazón que había sanidad, porque había visto las pruebas de los que habían sido sanados. Era real y genuino, pero *¿cuál era la clave?*

No pude ver la mano de Dios en la superfluidad de celo del hombre y vi el daño que se estaba haciendo al atribuir todo a la "falta de fe" del individuo que no había recibido su sanidad. Dentro de mí, estaba destrozada: mi corazón me decía que Dios podía hacer cualquier cosa; mi mente me decía que, por ignorancia y falta de conocimiento espiritual, había quienes estaban trayendo un reproche sobre algo que era sagrado y maravilloso y accesible a todos. Ningún predicador tenía que decirme que el poder de Dios era real y que Dios no conocía tal cosa como un MILAGRO como tal, porque yo estaba asegurada por estos hechos mientras leía la Palabra de Dios. La Palabra estaba allí, la promesa había sido dada: ¡seguramente no había cambio en la mente de Dios, y ciertamente no había cancelación de la promesa!

Creo que nadie ha deseado nunca una verdad con más avidez que yo, ni la ha buscado con más ahínco.

Recuerdo bien la tarde en que salí de debajo de una gran carpa donde se estaba celebrando un servicio de sanidad divina. Las miradas de desesperación y decepción en los rostros que había visto, cuando se les dijo que sólo su falta de fe les alejaba de Dios, me persiguieron durante semanas. ¿Era éste, entonces, el Dios de toda misericordia y gran compasión? Recuerdo aquella noche cómo, con lágrimas corriendo por mi rostro, levanté la vista y grité: "Se han llevado a mi Señor y no sé dónde lo han puesto".

Recuerdo que me fui a mi habitación y le pedí a Dios con lágrimas en los ojos que me aclarara la verdad.

Afortunadamente, había aprendido una valiosa lección espiritual al principio de mi ministerio, una lección que me iba a ayudar siempre: Había aprendido que la única manera de obtener la verdad es venir con sinceridad y absoluta honestidad de corazón y mente, y dejar que el Señor mismo le dé a uno las benditas revelaciones de Su Palabra, y *a través de* la Palabra, hacer Su Presencia real y Su verdad conocida.

En ningún momento de mi búsqueda profesé vestir el manto de la infalibilidad. No busqué como un dogmático, ni como alguien con una mente cerrada, sino sólo como alguien que aprendía diariamente, dispuesta a ser guiada por el Espíritu Santo, y anhelando ser enseñada por el Padre, como alguien hambrienta de un conocimiento espiritual más profundo, no del hombre, sino de *Dios*.

Esperé expectante la respuesta, y llegó.

Una noche, durante una serie de servicios que yo estaba dirigiendo, una dama cristiana muy fina se levantó de donde estaba sentada entre el público y dijo: "Por favor, antes de que comience su sermón, ¿puedo dar una palabra de testimonio con respecto a algo que sucedió anoche mientras usted predicaba?"

Asentí con la cabeza y recordé rápidamente lo que había dicho la noche anterior. El sermón no había tenido nada de particular: había sido un mensaje muy sencillo sobre la persona del Espíritu Santo. Recordé claramente el contenido del mensaje.

Dios Padre está sentado en Su trono, y es el Dador de todo don bueno y perfecto. A Su derecha está Su Hijo, a través de quien recibimos la salvación y la sanidad de nuestros cuerpos, y en quien se satisfacen todas las necesidades de nuestras vidas. El Espíritu Santo es el único miembro de la Trinidad que está aquí en la tierra y trabaja en conjunción con el Padre y el Hijo. Está aquí para hacer por nosotros todo lo que Jesús haría si estuviera aquí en persona.

Ahora escuchaba, mientras la mujercita hablaba:

"Mientras usted predicaba sobre el Espíritu Santo", dijo, "diciéndonos que en Él reside el poder de la resurrección, sentí que el poder de Dios fluía por mi cuerpo. Aunque no se había dicho ni una palabra sobre la sanidad de los enfermos, supe instantánea y definitivamente que mi cuerpo había sido sanado. Tan segura estaba de ello, que hoy he ido al médico y me ha verificado la curación".

El Espíritu Santo era, pues, la respuesta: una respuesta tan profunda que ningún ser humano puede abarcar toda su profundidad y su poder, y sin embargo tan sencilla que la mayoría de la gente la pasa por alto.

Esa noche comprendí por qué no había necesidad de una línea curativa; ninguna virtud curativa en una tarjeta o una personalidad; ninguna necesidad de exhortaciones salvajes "a tener fe".

Ese fue el comienzo de este ministerio de sanidad que Dios me ha dado; extraño para algunos por el hecho de que cientos han sido sanados simplemente sentados tranquilamente entre el público, sin demostración alguna, e incluso sin amonestación. Esto se debe a que la presencia del Espíritu Santo ha sido en tal abundancia que por Su sola Presencia, los cuerpos enfermos son sanados, incluso mientras la gente espera en el exterior del edificio a que se abran las puertas.

Muchas han sido las veces en las que he sentido ganas de quitarme los zapatos de los pies, sabiendo que el suelo que pisaba era suelo santo. Muchas son las veces en que el poder del Espíritu Santo está tan presente en mi propio cuerpo que tengo que luchar para mantenerme en pie. Muchas son las veces en que Su misma Presencia sanó cuerpos enfermos ante mis ojos; mi mente está tan rendida al Espíritu, que conozco exactamente el cuerpo que está siendo sanado: la enfermedad, la aflicción, y en algunos casos, el mismo pecado en sus vidas. Y sin embargo, ¡no podría pretender decirles *por qué o cómo!*

Desde el principio, como ahora, estuve completamente segura de dos cosas: primero, que yo no tenía nada que ver con lo que estaba sucediendo, y segundo, *sabía* que era el poder sobrenatural de Dios Todopoderoso. Me he conformado con dejarle a Él el por qué y el cómo, pues si supiera las respuestas a esas dos preguntas, ¡entonces yo sería Dios!

A la luz del gran amor, ternura y compasión de Dios, el Espíritu Santo me reveló mi inutilidad e impotencia de mí mismo. Su grandeza era abrumadora; yo sólo era una pecadora, salvada por la gracia de Dios. El poder era Suyo y la gloria y esta gloria, *Su* gloria, no la compartirá con ningún ser humano.

Si una vez puedes comprender el concepto de la Santísima Trinidad, muchas cosas que antes te desconcertaban se aclaran. Las tres personas de la Trinidad, Dios Padre, Dios Hijo y Dios Espíritu Santo, son una unidad. Son coexistentes, infinitas y eternas. Las tres fueron igualmente activas en la obra de la creación, y son igualmente activas e indispensables en la obra de la redención. Pero aunque los tres trabajan juntos como uno solo, cada uno tiene al mismo tiempo su propia función distintiva.

Dios Padre planeó y propuso la creación y la redención del hombre, y es "el Gran Jefe". Dios Hijo proveyó y compró en el Calvario lo que el Padre había planeado en la eternidad. Él hizo posible la realización del plan eterno de Dios. Todo lo que recibimos del Padre debe venir a través de Jesucristo, el Hijo, y por eso en el corazón de nuestra fe hay una Persona: el mismo Hijo del mismo Dios. Cuando oramos, nos presentamos ante el trono del Padre en el Nombre de Jesús. No podemos obtener una audiencia con el Padre, a menos que vengamos a Él en el nombre de Su Hijo.

Pero el Espíritu Santo es el *poder* de la Trinidad. Fue *su* poder el que resucitó a Jesús de entre los muertos. Es ese *mismo poder de* resurrección el que fluye a través de nuestros cuerpos físicos hoy, sanando y santificando.

En resumen, cuando oramos en el Nombre de Jesús, el Padre mira hacia abajo a través de la perfección completa, la santidad total, la justicia absoluta de Su Hijo unigénito, sabiendo que por Él el precio fue pagado en su totalidad por la redención del hombre, y *en* Él se encuentra la respuesta a toda necesidad humana.

Dios honra la obra redentora de Su Hijo concediéndonos a través de Él el deseo de nuestros corazones. Así, mientras que es el poder de la Resurrección del Espíritu Santo el que realiza la curación real del cuerpo físico, Jesús dejó perfectamente claro que debemos mirar a Él, el Hijo, con fe, porque Él es el que ha hecho todas estas cosas posibles.

FE

Se han escrito y hablado volúmenes sobre ese algo indefinible llamado *fe y, sin* embargo, a fin de cuentas sabemos muy poco sobre el tema.

La fe es aquella cualidad o poder por el cual las cosas deseadas se convierten en cosas poseídas. Esta es la definición de fe más cercana a la que ofrece la Palabra inspirada de Dios.

No se puede pesar ni confinar en un recipiente; no es algo que se pueda sacar, mirar y analizar; no se puede poner definitivamente el dedo encima y decir positivamente: "esto es". Explicarlo de forma precisa y sucinta es casi como intentar definir la energía en un enunciado global. En el ámbito de la física, se nos dice que el átomo es un mundo en sí mismo, y que la energía potencial contenida en este diminuto mundo es tal que desconcierta la mente de la persona media. Intente definirla y se encontrará con dificultades. Lo mismo ocurre con la fe en el reino del espíritu. Pero aunque no es fácil definir exactamente lo que *es la* fe, sabemos lo que *no es*.

Uno de los errores más comunes que cometemos a este respecto es confundir la fe con la presunción. Debemos estar siempre alerta ante el peligro de confundir una cosa con la otra, pues hay una gran diferencia entre ambas.

Hay un guijarro en la playa, por ejemplo, pero la playa es más que el guijarro. Cuando el guijarro afirma que es la playa, le decimos: "Estás suponiendo demasiado".

Hay muchos que mezclan los ingredientes de su propia actitud mental con un poco de confianza, una pizca de seguridad y un generoso puñado de egoísmo religioso. Proceden a añadir algo de creencia, junto con muchos otros ingredientes, y mezclándolo en el crisol de un boticario espiritual, etiquetan el resultado total como *fe*. En realidad, es más probable que la consecuencia de esta mezcla heterogénea sea la presunción que la fe.

La fe es más que creencia; es más que confianza; es más que seguridad, y sobre todo, nunca es jactanciosa. Si es fe pura, fe del Espíritu Santo, nunca obrará en contra de la Palabra de Dios, y tampoco obrará en contra de Su sabiduría y voluntad. Ha habido ocasiones en que he sentido que la fe impregnaba de tal manera cada parte de mi ser, que me he atrevido a decir y hacer cosas que, si me hubiera apoyado en mi propio entendimiento o razón, nunca habría hecho. Sin embargo, fluyó a través de cada palabra y acto con un poder tan irresistible que literalmente me quedé maravillada ante las poderosas obras del Señor. Una cosa sé: en ti y en mí, aparte de Dios, *no hay* ingredientes *ni* cualidades que, por mezclados o combinados que estén, puedan crear ni siquiera un grano de mostaza de fe bíblica.

Razonemos juntos de una manera muy simple: si yo quisiera cruzar un lago, y no hubiera medios para cruzarlo excepto en barco, lo más sensato para mí sería conseguir un barco. Sería una tontería buscar la otra orilla del lago, cuando lo que necesito es encontrar el medio de transporte adecuado para llegar hasta allí. Consigue el barco y te llevará hasta allí.

Ahora bien, ¿de dónde sacamos la fe que nos llevará al otro lado del lago? La respuesta a esta pregunta es positiva y segura.

La fe es un don de Dios o un fruto del Espíritu, y sea don o fruto, la fuente y el origen de la fe siguen siendo los mismos. Viene de Dios y es un don de Dios.

Si tu fe es impotente, no es fe. No puedes tener fe sin resultados, como tampoco puedes tener movimiento sin movimiento. Lo que a veces llamamos *fe* es sólo confianza, pero aunque confiamos en el Señor, es la fe la que tiene acción y poder.

Un hombre bien podría confiar en el Señor y en Su promesa de que algún día sería salvo y que algún día aceptaría a Cristo en el perdón de sus pecados: bien podría confiar en el Señor lo suficiente como para creer que Dios tiene la capacidad de perdonar sus pecados. Pero es sólo si este hombre posee una fe activa y llena de poder para la salvación que puede "nacer de nuevo".

> "Por gracia sois salvos por medio de la fe, y esto no de vosotros, pues es don de Dios".
>
> —Efesios 2:8, 9

La gracia y la fe están tan estrechamente relacionadas que no se puede separar la una de la otra. La maravilla de todo esto es el hecho de que muchas veces la fe se imparte cuando nos sentimos menos merecedores. Pero la fe no es producto del mérito, porque ningún ser humano merece la salvación, y ninguna persona que vive merece la más pequeña de las bendiciones de Dios: por eso las dos, gracia y fe, están tan estrechamente relacionadas.

La fe impartida al pecador para la salvación es únicamente el resultado de la misericordia y la gracia de Dios. Es un don. La fe que se imparte al individuo para la sanidad de su cuerpo físico es de nuevo sólo el resultado de la misericordia de Dios, el desbordamiento de Su gran compasión y gracia. Es un don. No se ora pidiendo fe; se busca al Señor, y la fe vendrá.

Los discípulos y el Maestro estaban sobre las aguas de Galilea. Era un hermoso día; el lago estaba tranquilo y sereno, y apenas había una nube en el cielo; cuando, de repente, se levantó una terrible tormenta. Los pobres discípulos estaban aterrorizados. El viento soplaba con toda su furia, la pequeña barca estaba a punto de zozobrar, y ellos estaban seguros de que sus propias vidas estaban en juego.

Finalmente, desesperados, despertaron al Cristo dormido. Tranquilamente, sin perturbación, les hizo una sola pregunta:

> "¿Dónde está vuestra fe?"
>
> —Lucas 8:25

¿Dónde estaba? ¿La habían dejado en tierra antes de subir a la barca? ¿Se había hundido en el fondo del mar en el que navegaba su pequeña embarcación? ¿Habría huido a hombros de la tormenta?

¡Su fe había estado descansando en la popa del barco!

Su fe estaba con ellos todo el tiempo: nunca los había abandonado ni por un segundo. *Él* era su fe; pero el error que habían cometido fue olvidar el hecho de Su presencia, mientras discernían el hecho de la tormenta. Eso es exactamente lo que Jesús quiso decir cuando dijo: "sin mí nada podéis hacer". *Él*, entonces, es tu fe.

Nos derrotamos cuando fijamos nuestra mirada en las circunstancias, en nuestros propios problemas, en nuestras debilidades, en nuestras enfermedades físicas. La manera más segura del mundo de ser derrotado es centrar nuestra mente en nosotros mismos. La tormenta hará zozobrar nuestra pequeña barca, de eso podemos estar seguros, y sin embargo, el hecho es que nuestra fe en la victoria estaba más cerca de nosotros que nuestras manos o nuestros pies.

Ninguna persona necesita ser derrotada por un solo marcador; ninguna persona necesita carecer de fe. Levanta la vista, como hizo Carey Reams, y mira a Jesús. Él es tu fe; Él es nuestra fe. No es la fe lo que debes buscar, *sino a Jesús*.

El Dador de todo don bueno y perfecto es el Autor y Consumador de nuestra fe.

CREO

Creo que la Santa Biblia es la Palabra del Dios viviente; que es la Palabra inspirada sobrenaturalmente; que fue escrita por hombres santos de la antigüedad al ser movidos e inspirados por el Espíritu Santo; que es el único fundamento verdadero de la unidad y comunión cristianas. Que es el tribunal eterno por cuyas normas serán juzgados todos los hombres y naciones.

Creo en la Trinidad: Padre, Hijo y Espíritu Santo, como tres individuos separados; iguales en toda perfección divina.

Creo en Dios Padre Todopoderoso, Creador del cielo y de la tierra, cuya gloria es tan sumamente brillante que los hombres mortales no pueden mirar Su rostro y vivir. Su naturaleza trasciende de tal manera los estándares humanos de comparación que es imposible una definición. La fe comienza donde terminan la razón y la lógica.

Creo que Jesucristo es el Hijo mismo de Dios vivo, coexistente y coeterno con el Padre, que fue concebido por el Espíritu Santo y nació de la Virgen María. Tomó la forma de hombre y, mediante el derramamiento de su sangre, hizo expiación por el hombre caído. Así como la profecía es el argumento irrefutable en el ámbito de la evidencia externa, la Persona de Jesucristo es el argumento irrefutable en el ámbito de la evidencia interna. No sólo Su vida entera cumple perfectamente las profecías del Antiguo Testamento, sino que Su Persona, que se eleva por encima de cualquier otra, está más allá de toda explicación sólo si admitimos que es Dios mismo y hombre mismo.

La vida milagrosa de Cristo es un argumento irrefutable en favor de su nacimiento milagroso.

Creo que el Espíritu Santo es una persona, y una persona divina, y no sólo una influencia divina. Las marcas de la personalidad son el conocimiento, el sentimiento y la voluntad, y cualquier ser que conoce, piensa, siente y quiere, es una persona tenga o no cuerpo. Todas las marcas distintivas o características de la personalidad se atribuyen al Espíritu Santo en la Palabra.

Como miembro de la Trinidad eterna, el Espíritu Santo ha ayudado en la creación de la tierra y sus formas de vida. Estuvo presente en la creación del hombre. De ahí las palabras: "Hagamos al hombre".

Creo que por desobediencia voluntaria y transgresión, el hombre cayó de la inocencia y la pureza, a las profundidades del pecado y la iniquidad.

A causa del estado caído del hombre, había que cumplir los juicios, satisfacer la ley, pagar las penas; todas estas cosas las exigía la santidad de Dios.

Jesucristo el Hijo, por medio del Espíritu Santo, se ofreció a Dios Padre como propiciación por el pecado; por eso se hace referencia a Cristo como “El cordero inmolado desde la fundación del mundo”. La sangre de Cristo es tan eficaz que no sólo limpia de todo pecado, sino que un día el efecto de esa sangre derramada en Jerusalén hace dos mil años eliminará la maldición del pecado de la tierra.

Su sangre sin pecado es suficiente expiación por nuestros pecados.

Creo en la salvación como una experiencia *definida*, una experiencia a través de la cual el individuo ya no está bajo la esclavitud del pecado, sino que “ha pasado de muerte a vida”, transformado por el Poder del Espíritu. Literalmente “una nueva criatura en Cristo Jesús”.

Por la simple fe, la creencia en el Hijo de Dios y la aceptación de Él como Salvador divino, el pecador culpable es hecho justo. Creo en ese cuerpo “llamado” de creyentes, compuesto de judíos y gentiles, e individuos de toda clase, pueblo, tribu y nación, originado en Pentecostés, y conocido como “El Cuerpo de Cristo”.

Creo que la única manera en que Jesús, que ahora está a la diestra de Dios, como Gran Sumo Sacerdote, puede manifestarse al mundo es a través de Su Cuerpo, la Iglesia.

Creo que este Cuerpo, compuesto por aquellos que han sido lavados en la sangre derramada del Hijo de Dios, será la Novia de Cristo y reinará con Él en Su gloria milenaria.

¡CREO EN LOS MILAGROS!

KATHRYN KUHLMAN (1907-1976) fue una evangelista cristiana carismática estadounidense, conocida por sus cruzadas de sanidad y sus servicios de milagros que atrajeron a grandes audiencias en todo el mundo. Nació el 9 de mayo de 1907 en Concordia, Missouri, y creció en una familia metodista. Después de una experiencia espiritual transformadora en su adolescencia, Kuhlman se dedicó por completo al ministerio cristiano.